★ Alle 44 ★ Amerikaanse presidenten

Overige boeken van Rik Kuethe

De Zaakgelastigde (roman)
Verre Vrienden Brieven tussen twee werelden
(samen met René van Rijckevorsel)

RIK KUETHE

★ Alle 44 ★ Amerikaanse presidenten

MET EEN BESCHRIJVING VAN HUN LEVEN EN HUN RELATIE MET NEDERLAND

Elsevier Amsterdam

© Elsevier/Reed Business 2008

Eerste editie, eerste druk, november 2008

Eerste editie, tweede druk, november 2008

Eerste editie, derde verbeterde druk, januari 2009

Eerste editie, vierde druk, februari 2009

Redactie: Sjaak Roodenburg en Eddy Schaafsma

Vormgeving omslag en binnenwerk: Peter ter Mors

Foto omslag: Ed Menard

Foto auteur: Marieke Brouwer

Druk: Wilco, Amersfoort

Elsevier, Postbus 152, 1000 AD Amsterdam

Bestellen: www.elsevier.nl/boeken

ISBN: 978 90 6882 917 4

Nur: 697

Inhoud

Voorwoord

Toen ik in de koude winter van 1942 werd geboren,was Franklin Delano Roosevelt president van Amerika. Hij had twee maanden eerder zijn land weten mee te krijgen in de oorlog tegen Hitler. Sindsdien zijn twaalf presidenten hem opgevolgd.

'Wie moet er dit keer president van Amerika worden?'

Dat was de vraag die mijn verder niet zo bar in politiek geïnteresseerde moeder mij in 1952 stelde. Het ging om de strijd tussen de Republikeinse generaal Dwight Eisenhower en *'egghead'* Adlai Stevenson, een welsprekende Democraat uit Illinois. Onze keus was gauw gemaakt: 'Ike', de generaal met zijn vriendelijke lach, had ons in Europa nog maar zeven jaar eerder bevrijd van de Duitsers. Een wapenfeit waarvoor ik de Amerikanen diep dankbaar was. En nog altijd ben trouwens.

Acht jaar later was de keuze opnieuw niet moeilijk. De glamour en het optimisme die John F. Kennedy uitstraalde, lieten ook mijn moeder en haar zoon niet onberoerd. De jonge god uit Cape Cod viel ver te prefereren boven Richard Nixon.

In 1964 maakten wij voor het laatst samen onze keuze. Het ging om Lyndon Johnson of de radicaal-conservatieve Barry Goldwater. Het werd uiteindelijk Johnson, die lange Texaan die na de moord op Kennedy in diens plaats was getreden. Onze keuze voor Johnson werd, geloof ik, voornamelijk bepaald doordat zijn tegenstander zo'n merkwaardig brilmontuur had.

Wie de volgende premier van het Verenigd Koninkrijk of de

nieuwe president van Frankrijk moest worden, kwam in mijn ouderlijk huis niet ter sprake.

Ook uit deze voorbeelden blijkt met hoeveel belangstelling er in Europa naar de Amerikaanse presidentsverkiezingen wordt gekeken. Dat is niet vreemd, want vele daden van de nieuwe president raken de Europeaan direct. Bovendien is de Amerikaanse verkiezingsstrijd een langdurige afvalrace tussen politici die zich keer op keer moeten bewijzen. Zoveel beter aanschouwelijk te maken dan de verkiezing van een nieuwe bondskanselier in Berlijn bijvoorbeeld. De wedloop tussen de Democraat Barack Obama en zijn Republikeinse tegenstrever John McCain trok in Nederland zelfs meer aandacht dan alle voorafgaande races.

In februari 2006 stelde Arendo Joustra, de hoofdredacteur van *Elsevier* met wie ik een liefde voor Amerika deel, mij voor om op de website elke veertien dagen een schets te schrijven van een Amerikaanse president, vanaf George Washington tot en met George W. Bush. Dit alles als prelude op de presidentsverkiezingen van november 2008.

Het was aangenaam werk. Ik ging geregeld naar de universiteitsbibliotheek van Amsterdam om boeken te lenen over presidenten van wie ik nog nooit had gehoord, zoals Millard Fillmore en Franklin Pierce. Door het regelmatige ritme groeide de reeks op het web als een spekkoek, elke maand kwamen er twee laagjes bij.

Van verschillende kanten is sindsdien gesuggereerd om van die serie een boek te maken. Nu is dat met de verzamelde Amerikaanse presidenten al wel eens eerder gebeurd. In Nederland het laatst door Frans Verhagen. Alleen al daarom leek het zinnig om ook te zoeken naar de band die de 44 presidenten, ook buiten hun jaren in het ambt, met Nederland hebben gehad. Soms is die van wezenlijk belang geweest, zoals bij John Adams, de tweede president (1797-1801). Adams was eerder de eerste gezant van Amerika in Den Haag geweest, nadat hij in Amsterdam leningen had losgekregen voor de jonge Republiek.

Maar vaker waren de raakpunten vooral anekdotisch van aard. Neem die mooie kleine rebellie van koningin Juliana bij het bezoek van president Richard Nixon in 1972. Het sprak vanzelf dat hij door het staatshoofd op paleis Soestdijk zou worden ontvangen. De Koningin voelde daar echter niets voor, tenzij ze haar gast in diens bijzijn een moordenaar mocht noemen. Minister van Buitenlandse Zaken Norbert Schmelzer (KVP) heeft daar een stokje voor gestoken door te wijzen op het risico dat haar woorden door een microfoon zouden worden geregistreerd. Daarmee was de kous af. Het bezoek aan Soestdijk ging niet door.

Lang niet iedere president had overigens een connectie met Nederland.

Een voorwoord is ook de plaats voor een woord van dank. Het mijne gaat uit naar Marijke Brouwer, Maarten Hagemeijer en Astrid Westbroek, allen ervaren documentalisten bij *Elsevier*. Zij waren van grote waarde bij het leggen van verbanden tussen Nederland en het Amerikaanse presidentschap. Ook mijn collegae Sjaak Roodenburg en Eddy Schaafma ben ik veel verschuldigd. Zij gingen met een klophamertje door de tekst heen en werkten vele oneffenheden weg. Voor de butsen die zijn blijven zitten, ben ik uiteraard zelf verantwoordelijk.

AMSTERDAM, NOVEMBER 2008

Het voorbeeldige leven van Amerika's eerste president

10 Toen George Washington in 1789 in New York werd ingehuldigd als de eerste president van de Verenigde Staten (dat waren er toen nog maar elf) restte hem slechts één tand van zichzelf. De rest van zijn gebit was vals. Het was van lood, van ivoor en van koeientand, maar niet van hout, zoals wel is beweerd.

Het is lastig om een banaal voorval te vinden in een voorbeeldig leven als dat van Washington. 'Veel zaken lijken in het begin vaak van weinig belang, maar kunnen grote en blijvende gevolgen hebben als ze plaatshebben wanneer een nieuwe vorm van regeren zich aandient,' zei Washington. De voorname plantagehouder en zegevierende generaal moest het spits afbijten toen de Britse kolonisatoren onder zijn leiding waren verjaagd.

Washington betrad daarmee in politiek opzicht maagdelijk terrein. Het was zijn taak om uit te vinden hoe Amerika als een republiek kon worden bestuurd. De gedelegeerden die twee jaar eerder in Philadelphia de Grondwet opstelden, hadden de macht van het presidentschap toegesneden op de verwachting dat George Washington, die de Conventie voorzat, tot president zou worden gekozen. En zo geschiedde. Washington kreeg de twee keer dat hij zich, met tegenzin overigens, kandidaat stelde, alle kiesmannen achter zich. Dat wapenfeit is nooit meer herhaald.

George Washington werd op 22 februari 1732 in Virginia geboren als zoon van een planter. Hij verloor zijn vader toen hij nog maar elf was. Vijf jaar later ging hij bij zijn oudere half-

broer Lawrence op diens landgoed Mount Vernon wonen. Later zou hij dat erven. Washington ontwikkelde zich tot een kundige landmeter. Anders dan de meeste grondleggers van de Republiek kreeg hij nooit de kans om Frans te leren. Washington was breedgeschouderd, gespierd en had grote handen. Het leven was voor hem een ernstige aangelegenheid. Voor humor was daarin geen plaats.

In 1759 trouwde Washington met de weduwe Martha Custis (27), die al twee kinderen had. Custis was een van de beste partijen van Virginia – een feit waar haar nieuwe echtgenoot zeer gevoelig voor was. Zij bezat landgoed het Witte Huis (!) met uitgestrekte landerijen. Custis was een wat gedrongen, vriendelijke vrouw, zonder veel intellectuele belangstelling.

Hun huwelijk stond als solide en liefderijk te boek. Washington verwekte zelf geen kinderen.

In de French and Indian War (1754-1763), een oorlog tussen de Britten en de Fransen waarbij de indianen in 1758 overliepen naar de Engelsen, vocht Washington dapper, maar nogal matig, als majoor in de gelederen van de militie van Virginia. In 1755, toen hij de Britse generaal Edward Braddock als *aide de camp* diende, werd zijn paard twee keer onder hem weggeschoten.

Tijdens de Onafhankelijkheidsoorlog tegen de Britten (1775-1783) was Washington opperbevelhebber van de opstandige kolonisten. De krijgskansen wisselden voortdurend. Hij betoonde zich een toegewijde commandant. 'Dat mannen die geen kleren hebben om hun naaktheid te bedekken, noch schoenen dragen, zodat je hun stappen kunt volgen door het spoor van bloed dat hun voeten maken, dit alles zonder gemor verdragen (...) is weergaloos,' schrijft Washington over het winterkwartier in Valley Forge, in Pennsylvania.

Aan diegenen die het hadden overleefd, kon generaal Washington in mei 1778 melden dat Frankrijk als eerste land de onafhankelijkheid van Amerika had erkend.

In 1787 werd Washington, een gedelegeerde voor Virginia, unaniem gekozen als voorzitter van de Constitutionele Conventie. Hij behoorde tot de voorvechters van een sterke federale regering. Tegen een medegedelegeerde uit Georgia zei hij te verwachten dat de Grondwet het niet meer dan twintig jaar zou uithouden. Een foute prognose, want aangevuld met een beperkt aantal amendementen, geldt deze Constitutie nog steeds als de hoogste wet van het land.

In 1789 tot het presidentschap geroepen, bleef Washington zich gedragen als een bescheiden landeigenaar die er niet van hield in de schijnwerpers te staan. Hij woonde aanvankelijk in New York. Zijn vicepresident en latere opvolger John Adams was de eerste die het Witte Huis zou betrekken.

Er was onder de eerste president zeker sprake van een Republikeins Hof. Washington hield regelmatig een grootscheepse ontvangst voor mensen uit de hoogste kringen. Die bijeenkomsten eindigden om negen uur 's avonds, het tijdstip waarop de president naar bed ging. In zijn kabinet zaten vertegenwoordigers van de twee voornaamste fracties: Thomas Jefferson, de minister van Buitenlandse Zaken, voor de Democratisch-Republikeinen, en minister van Financiën Alexander Hamilton, voor de Federalisten.

De volgelingen van Jefferson zagen hun groepering als een tijdelijk verschijnsel met als doel het ontstaan van een Federalistische monarchie te voorkomen. Omdat elk van de fracties het bestaansrecht van de ander ontkende, laaiden de emoties hoog op. In 1794 voorkwam Washington bloedvergieten doordat hij met dwang en overtuiging de zogeheten Whiskey Rebellie, een boerenopstand in westelijk Pennsylvania, smoorde.

Washingtons gezag was zo groot dat hij zelden het respect van mensen als Jefferson verloor. Dat gold niet waar het ging om het Jay-verdrag uit 1795 met de vroegere koloniale machthebber Groot-Brittannië. Washington vond het goed dat elk Amerikaans schip met mogelijke contrabande aan boord, door de Britse marine kon worden onderzocht. Jefferson meende dat deze buiging voor de Britse koning veel te diep was.

Ondanks de sterke roep om aan te blijven voor een derde termijn, trok Washington zich in maart 1797 terug op zijn buiten Mount Vernon. Daar bleef hij, dikwijls met flink wat tegenzin, stromen bezoekers ontvangen. Lang heeft hij niet op zijn lauweren kunnen rusten. Op 14 december 1799 werd hij onwel na een rit op zijn paard door de sneeuw.

Zijn laatste woorden, die op de arrangementen voor zijn begrafenis sloegen, luidden: *'Tis well.'* Enkele momenten later, terwijl hij zichzelf de pols nam, gaf George Washington de geest. Light-Horse Harry Lee, een van de beste cavaleristen van zijn tijd, zei op de begrafenis: 'Laten wij de nagedachtenis eren van de Man die de eerste was in de oorlog, de eerste in de vrede en de eerste in de harten van zijn landgenoten.'

De gekke, vrolijke wereld van een spitse intellectueel

14 Het moet een uitzondering blijven, maar er is hier alle reden om bij het einde te beginnen. Op 4 juli 1826 blies John Adams in Quincy, Massachusetts, de laatste adem uit. Vrijwel zijn laatste woorden waren: 'Thomas Jefferson overleeft me.' Toch was dat niet zo, want enkele uren eerder had de plantagehouder uit Virginia in zijn huis Monticello de geest gegeven.

Op de dag af vijftig jaar na het afkondigen van de Onafhankelijkheidsverklaring, waarin zij beiden zo'n groot aandeel hadden gehad, stierven deze grondleggers van de Republiek, enkele uren na elkaar. Een sublieme coïncidentie.

Jefferson (president van 1801 tot 1809) was Adams (president van 1797 tot 1801) opgevolgd in het ambt. Beide mannen waren in Parijs vrienden geworden, maar hadden zich daarna tot rivalen en politieke tegenstanders ontwikkeld. De laatste jaren voor hun dood was de animositeit verdwenen en nam hun correspondentie weer een hoge vlucht.

Op die 4de juli 1826 was Adams' oudste zoon, John Quincy, president (1825-1829). Het zou tot het presidentschap van vader en zoon Bush duren voordat die figuur zich zou herhalen. John Adams en zijn zoon John Quincy zijn de enige twee presidenten geweest die twee jaar van hun leven (1780-1782) in Holland hebben doorgebracht. Vader als gezant bij de Republiek der Zeven Verenigde Nederlanden en zoon als leerling op de Latijnse School in Amsterdam en als student in Leiden. Na enige tijd bij een weduwe te hebben gewoond, huurde Adams in 1781 het

pand Keizersgracht 529. Het naar hem vernoemde John Adams Instituut is gevestigd in het West-Indisch Huis in Amsterdam.

De Republiek was rijk geworden door tussen de voorpoten van de eeuwig met elkaar vechtende stieren Frankrijk en Engeland als een kikker heen en weer te springen, zoals Adams het uitdrukte. In Amsterdam probeerde hij leningen los te krijgen voor zijn jonge Republiek. De bankiers waren daar allerminst scheutig mee.

Adams' aanvankelijke enthousiasme voor Holland verdampte dan ook snel. Hij zag de Hollanders niet langer als 'een voorbeeld voor de wereld', maar ontwaarde overal 'kleinheid' die voortkwam uit 'de preoccupatie met stuivers en centen die het hele volk doordesemt'. Adams vergeleek de Hollanders vaak met een school haaien. En dan dat eindeloze overleggen. Over de reeks van consultaties die aan elke beslissing voorafging, schreef hij aan zijn minister John Jay: 'De beraadslagingen van dit volk zijn de meest ondoorgrondelijke die ik ooit heb meegemaakt.' Voor de Patriotten had hij weinig waardering. Hij vond ze weinig belezen en slecht op de hoogte van de internationale ontwikkelingen. Wat hem nog het meest stoorde, was de inhaligheid. Zo'n natie van aanbidders van de mammon had nooit eerder bestaan, volgens hem.

In 1781 verlegde hij zijn offensief naar Den Haag. Nadat hij zijn geloofsbrieven had overhandigd aan de Staten-Generaal werd Adams op 22 april 1782 door stadhouder Willem V en prinses Wilhelmina op Huis ten Bosch ontvangen. Een maand later opende hij aan de Fluwelen Burgwal in Den Haag de eerste Amerikaanse ambassade ter wereld.

Begin juni lukte het hem eindelijk om met een syndicaat van drie Amsterdamse bankiershuizen – Willink, Van Staphorst en De la Lande & Fyntje – een lening van 5 miljoen gulden af te sluiten, tegen een rente van 5 procent. Op 8 oktober van dat jaar zette hij in de Haagse Trêveszaal, die hem aan Versailles en zijn tijd in Parijs deed denken, zijn handtekening onder een handelsovereenkomst met de Republiek. Zijn werk in Holland was volbracht.

John Adams werd op 30 oktober 1735 geboren op de familieboerderij in Braintree, Massachusetts. Na zijn rechtenstudie aan Harvard toonde Adams grote zedelijke moed door als voorstander van de onafhankelijkheid (van Londen) toch de Britse soldaten die in 1770 'Het Bloedbad van Boston' hadden aangericht, te verdedigen.

Adams was klein en gezet. Hij was ervan overtuigd dat hij in 1781 in Amsterdam malaria had opgelopen. Sindsdien werd hij bij voortduring geplaagd door ziektes, al is hij daar dan negentig jaar mee geworden. Adams was een intellectueel, hij schreef spitse brieven; vooral aan zijn vrouw Abigail, die hem in dit opzicht nog overtrof. Gepassioneerd en geestig was Adams, maar ook ijdel, lichtgeraakt en tobberig.

Volgens zijn biograaf David McCullough leverde niemand een grotere bijdrage aan de Onafhankelijkheidsverklaring dan Adams. Zelf een fervente tegenstander van de slavernij, betreurde Adams het dat in Philadelphia (1776) met opzet werd voorbijgegaan aan 'de negerkwestie'.

Na zijn gezantschappen in Parijs, Den Haag en Londen, diende Adams van 1789-1797 als vicepresident onder George Washington. Als eerste politicus in deze functie, was hij ook de eerste om de spot te drijven met het geringe gewicht van die positie. 'Mijn land,' schreef hij aan Abigail, 'heeft in zijn oneindige wijsheid voor mij het meest onbetekenende ambt bedacht dat ooit in de geest van een mens is opgekomen.' Zo onbeduidend, zei hij, dat iedereen het zich kon veroorloven hem met enig respect te behandelen. 'Ze weten allemaal dat ik weinig goeds voor ze kan doen, maar ook niet veel kwaad.'

Op 4 maart 1797 werd Adams in Philadelphia als president geïnstalleerd. Met zijn 71 kiesmannen had hij er drie meer achter zich gekregen dan Thomas Jefferson, die destijds door zijn tweede plaats automatisch vicepresident werd. Op 1 november 1800 betrok Adams in Washington de ambtswoning, die eerst het Huis van de President en later het Witte Huis zou gaan heten. De volgende dag sprak de president in een brief aan zijn vrouw de wens uit dat er onder dit dak louter eerlijke en wijze mannen mochten regeren.

Adams belangrijkste daad als president was dat hij zijn land uit een oorlog met Frankrijk wist te houden. Met hoon overladen werd hij echter wegens de Alien and Sedition Acts, die hem machtigden elke gevaarlijke vreemdeling het land uit te zetten of hen die 'schandelijk' over de regering schreven gevangen te nemen. Een kwarteeuw later, vlak voor zijn dood, schreef Adams aan zijn oude vriend dominee Francis van der Kemp uit Amsterdam: 'Verdriet op verdriet en teleurstelling op teleurstelling, maar toch is dit een gekke, vrolijke wereld.'

Een verheven geest in
een hoog huis

Thomas Jefferson had in 1782 zijn vrouw Martha op haar sterf-bed beloofd nooit meer te zullen trouwen. Aan deze belofte heeft deze plantage-eigenaar uit Virginia zich zijn hele verdere leven gehouden.

Maar die belofte betekent niet dat Jefferson daarna nooit meer een vrouw heeft bemind. Zo onderhield hij, toen hij als ge-volmachtigd minister in Parijs diende, nauwe betrekkingen met een zekere Maria Cosway. Zij was een getrouwde artieste van 27 jaar – hijzelf was op dat moment 43 – met lange blonde krul-len. Zij deelden een liefde voor de muziek en wellicht ook het bed. Bij een wandeling op 18 september 1786 wilde Jefferson, die niet erg handig was, indruk maken op Maria door over een hekje te springen. Maar hij struikelde en brak zijn rechterpols.

Van groter belang was Jeffersons verhouding, die 38 jaar zou duren, met zijn slavin, de halfbloed Sally Hemings. Zij volgde hem, zogenaamd als verzorgster van zijn kinderen, zelfs naar Parijs. Sally Hemings moet een schoonheid zijn geweest. Helaas is van haar geen portret bewaard gebleven. Jefferson verwekte bij Sally een stoet kinderen. Hij zou ze later allemaal de vrijheid geven; de enige slaven bij wie hij dat ooit heeft gedaan.

Tien jaar voor die malle valpartij in Parijs, had het Congres in Philadelphia aan Jefferson gevraagd de definitieve tekst van de Onafhankelijkheidsverklaring te schrijven. Hoewel hij als een bijna onverstaanbare en humorloze spreker gold, was Jefferson een uitmuntende stilist. Bij het schrijven van de verklaring had

hij een uitzonderlijk gelukkige hand met formuleringen als 'het recht op leven, op vrijheid en op het najagen van geluk' en 'wij houden deze waarheid voor vanzelfsprekend dat alle mensen gelijk zijn geschapen'. Het is een geloofsbelijdenis geworden die sindsdien talloze revolutionaire leiders – tot en met de communist Ho Chi Minh in Vietnam – heeft geïnspireerd.

Hoe baanbrekend het credo dat alle mensen gelijk zijn geschapen ook was, de slaven bleven een aparte categorie vormen. Zeker voor Jefferson, per slot van rekening een kind van de plantages van Virginia. Jefferson beweerde vaak dat de slaven moesten worden vrijgelaten om daarna onmiddellijk te worden uitgezet naar Afrika of West-Indië. Maar in de praktijk bleek hij er nooit voor te voelen om slaven te emanciperen. Zoals de historicus Michael Zuckerman sardonisch schreef: 'Zelfs toen hij dolgraag van ze afwilde, liet hij hen nog niet gaan.'

Jeffersons houding tegenover de indianen was een andere. Thuis had hij een paar vertrekken als 'indiaans museum' ingericht. Als president vond hij weinig dingen zo leuk als het ontvangen van delegaties van indianen in zijn rol als 'Groot Blank Opperhoofd'. 'Nooit ging deze hater van de monarchie zich meer aan monarchistische poespas te buiten dan bij die gelegenheden,' zegt Christopher Hitchens in zijn spitsvondige monografie over de derde president.

Zich herinnerend hoe de Britse koning George III in 1786 John Adams en hemzelf in Londen had beledigd, nam president Jefferson wraak door de nieuwe Britse ambassadeur in zijn ondergoed in een keldervertrek te ontvangen.

Thomas Jefferson werd op 13 april 1743 in Stockwell Plantation, Virginia geboren. Hij verloor al vroeg zijn vader. In 1767 ging hij als advocaat aan de slag en werd hij lid van de volksvertegenwoordiging van de kolonie. Hij was lang en dun, en had hazelnootkleurige ogen en rossig haar. Zijn hooggelegen huis Monticello werd al bij zijn leven vermaard.

Als man van de Renaissance had Jefferson veel interesses. Zo schiep hij plezier in het bedenken van technische nieuwigheden. Hij ontwierp een leeskatheder met vijf houten bladen, waardoor hij vijf boeken bijna gelijktijdig kon lezen. Op zijn dak stond een windvaan die de windrichting aan de keuken doorgaf.

In 1796 werd Jefferson gekozen tot vicepresident onder John Adams. Hun samenwerking verliep moeizaam. Adams was Federalist, een voorstander van een sterk gezag die er op gebrand was neutraal te blijven in de strijd tussen de Europese mogendheden. Jefferson, een Democratisch-Republikein, kende juist de deelstaten ('als ik iets ben, dan ben ik inwoner van Virginia') de meeste macht toe.

Van 1784-1789 verbleef Jefferson als gevolmachtigd minister aan het hof van Lodewijk XVI in Parijs. Van daaruit maakte hij in maart 1788 een tocht naar Holland en bezocht onder meer Delft, Leiden, Nijmegen, Amsterdam en Haarlem. In die laatste stad maakte hij een schets van het paviljoen Welgelegen. Hij overlegde met John Adams, de Amerikaanse afgezant naar de Republiek, over de kwestie van de leningen aan Washington.

Jefferson zou zijn hele leven een groot bewonderaar van de Franse Revolutie blijven, ook nadat die was ontspoord. Het massale bloedvergieten stoorde hem niet bovenmatig. 'De boom van de vrijheid moet nu eenmaal zo nu en dan worden ververst met het bloed van patriotten en tirannen,' schreef hij in een ander verband aan William Smith, een schoonzoon van Adams. Dezelfde tekst prijkte op het T-shirt van Timothy McVeigh bij zijn arrestatie na het opblazen van het federale gebouw in Oklahoma City in 1996.

In 1800 won Jefferson op zijn beurt de strijd om het presidentschap van John Adams en Aaron Burr. Doordat de stemmen staakten, moest het Huis van Afgevaardigden beslissen. Bij zijn inauguratie zei Jefferson dat de Verenigde Staten met geen enkel land *entangling alliances* – bondgenootschappen waar je maar in verstrikt kunt raken – zou sluiten. Daarmee nam hij afscheid van zijn traditionele voorkeur voor Frankrijk.

Met Napoleon Bonaparte kwam hij in 1803 tot een cruciale overeenkomst, de zogenoemde Louisiana Purchase. Voor 15 miljoen dollar kocht Jefferson niet alleen New Orleans en omstreken maar ook de eindeloze landmassa die zich daarachter in de richting van de Stille Oceaan uitstrekt. Met deze aankoop was het landoppervlak van de Verenigde Staten in één klap verdubbeld. Om een goede indruk te krijgen van het aangekochte land, stuurde Jefferson nog datzelfde jaar de expeditie van Meriwether Lewis en William Clark op pad.

Jefferson stierf op 4 juli 1826 in Monticello, op de kop af vijftig jaar na het afkondigen van 'zijn' Onafhankelijkheidsverklaring. Een Franse edelman zei: 'Zowel Jeffersons huis als zijn geest lagen op zo'n hoog niveau dat hij goed het heelal kon besturen.'

De vader van de Constitutie

22 In november 1782 was James Madison, de latere 'Vader van de Constitutie', 31 jaar oud en hard toe aan een vrouw. In die behoefte leek te worden voorzien door Kitty Floyd, wier vader net als Madison lid was van het Continentale Congres. Dat Kitty, met haar lieftallige verschijning, nog maar vijftien jaar oud was, leek niemand te deren.

Toch trouwde Madison pas twaalf jaar later daadwerkelijk. Zijn bruid, Dolley Payne Todd, was een weduwe van 26 jaar. Ze was wat *the toast of the town* werd genoemd; vrolijk, een tikje wuft en vaak gewapend met een decolleté om van te watertanden. Madison daarentegen was sociaal onhandig, klein en onaanzienlijk. Tijdens zijn presidentschap (1809-1817), waren de ontvangsten op het Witte Huis toch joyeus, doordat Dolley schitterde waar haar man schutterde.

Ten tijde van zijn huwelijk lag Madisons grootste wapenfeit alweer zeven jaar achter hem. Tijdens de Conventie over de Grondwet van 1787 in Philadelphia was de intellectueel Madison, met zijn heldere denkbeelden over de staatsinrichting, het beste voorbereid. En met zijn grote kennis en zijn goede pen was hij ook de belangrijkste auteur. Later zou hij bovendien de Grondrechten formuleren.

Bij zijn voorbereiding op de Conventie, noteerde Madison dat de Confederatie van de Republiek der Verenigde Nederlanden op papier sterk genoeg leek, maar dat de angstvallige manier waarop elke provincie haar soevereiniteit bewaakte ertoe

leidde dat de praktijk er een stuk minder fraai uitzag.

Een van de lastigste kwesties voor de Conventie was of de staten allemaal op gelijke voet in het Congres vertegenwoordigd moesten zijn. Als compromis werd besloten dit in de Senaat inderdaad zo te regelen. Elke staat, klein of groot, kreeg twee Senatoren, terwijl het aantal afgevaardigden per staat in het Huis naar rato van de bevolkingsomvang zou worden bepaald. Madison bezwoer de kleinere staten, waarvan de meeste huiverig waren voor een federatie, dat een grotere republiek de beste strategie vormde om de ongemakken die hen bedreigden het hoofd te bieden.

Samen met Alexander Hamilton en John Jay heeft James Madison zich daarna ingezet om de Grondwet door de diverse staten goedgekeurd te krijgen. Met dat doel verscheen in oktober 1787 het eerste nummer van *The Federalist*, een lange reeks geschriften waarin Madison onder het pseudoniem Publius, afgewisseld door de twee anderen, zijn visie ten beste gaf op de politieke theorie die aan de Grondwet ten grondslag lag.

James Madison werd op 16 maart 1751 geboren in het huis van zijn grootouders in King George County, Virginia. Spoedig reisde hij met zijn moeder naar Montpelier, het familiehuis op de plantage, dat door Madison bij zijn leven steeds verder werd verfraaid. Madison studeerde geschiedenis aan Princeton en heeft uitsluitend publieke ambten vervuld. Hij bezat zes slaven en vijf paarden. Zijn vader en broer, die trots op hem waren, vulden zijn inkomen aan.

Madison was met zijn lengte van 5 feet en 4 inches (ruim 1 meter 62) de kleinste president aller tijden. Hij had een inkeping in zijn neus als gevolg van een bevriezing. Zijn leven lang zag hij er jonger uit dan hij was. Madison was ziekelijk en nerveus. Hij sprak met een afgeknepen en slecht verstaanbare stem, was verlegen en nooit erg op zijn gemak met vreemdelingen. Van *small talk* had hij geen kaas gegeten. Hierdoor maakte hij bijna altijd een slechte eerste indruk. 'Aan de andere kant,' zo schrijft zijn biograaf, Ralph Ketcham, 'vond vriend en vijand hem briljant en werd Madison als een uiterst effectieve onderhandelaar gezien.'

Tijdens het eerste jaar (1809) van Madisons presidentschap, die daarvoor 25.000 dollar kreeg, verbood hij Amerika om handel te voeren met Engeland en Frankrijk, die met elkaar in oorlog waren. In 1810 bepaalde het Congres echter dat de Verenigde Staten wel degelijk handel konden drijven met het land dat Amerika's visie over rechten van 'de neutralen' deelde, wat dan automatisch zou leiden tot een verbod op handel met het andere land. Napoleon leek hiermee in te stemmen. Dit was een van de redenen voor de oorlog tussen de Verenigde Staten en Engeland (1812-1814).

Aanvankelijk was het kleine, ongeoefende Amerikaanse

leger geen partij voor de professionele Britten. Het nauwelijks verdedigde Washington werd in de as gelegd. Zowel het Congres als het Witte Huis, waar Dolley zich kranig had geweerd, ging in vlammen op. Doordat generaal Andrew Jackson (die president nummer zeven zou worden) triomfeerde in New Orleans kregen veel Amerikanen toch de indruk dat de oorlog bijzonder succesvol was verlopen.

De laatste twintig jaar van zijn leven leidde Madison een vruchtbaar bestaan op Montpelier. Hij ging vaak langs bij Jefferson op Monticello en ontving bezoek van coryfeeën als Andrew Jackson en de markies de Lafayette. Maar langzaam doofde, zoals hij het zelf zei, de kaars van zijn leven uit.

Op de ochtend van 28 juni 1836 bracht zijn bediende, zoals hij dat zeventig jaar had gedaan, zijn meester het ontbijt. Madison had moeite met slikken. Toen een nichtje vroeg wat er aan de hand was, zei hij: 'Het is niets mijn kind, ik ben alleen van mening veranderd.' Het waren zijn laatste woorden.

De vlekkeloze ziel van een dapper man

Op Marilyn na, is president James Monroe nog steeds de beroemdste Amerikaan met die achternaam. Net als drie van zijn vier voorgangers stamde hij uit Virginia, waar hij op 28 april 1758 in het district Westmoreland werd geboren. Zijn echtgenote Elizabeth Kortright stamde af van een familie die in 1633 vanuit Nederland naar New Amsterdam was geëmigreerd.

De naam 'Monroe' leeft voort in de Monroe-doctrine (1823). In politiek steno luidt die: Amerika voor de Amerikanen. Het werd de oude Europese machten – de Verenigde Staten beschouwden zich tot op dat moment als het kleine broertje van Engeland en Frankrijk – verboden om nog langer op het westelijk halfrond te interveniëren, al dan niet met de bedoeling om de opstandige koloniën van Spanje in het gareel te krijgen.

Monroe zag zichzelf als planter, hoewel hij dat beroep nauwelijks heeft uitgeoefend. Wel vroeg hij, toen hij al teruggetrokken leefde op zijn landgoed Oak Hill, zijn vriend markies de Lafayette (de Fransman die de Amerikaanse Revolutie zo vooruit heeft geholpen) nog advies over hoe hij zijn schaapskudde kon uitbreiden.

Monroe was zijn leven lang een bewonderaar van Frankrijk. Hij behoorde tot degenen die vonden dat de Amerikaanse en de Franse Revolutie op dezelfde leest waren geschoeid, namelijk die van de vrijheid. De taal had hij als jongeman geleerd van de Franse kok die Thomas Jefferson hem had uitgeleend toen hij naar Frankrijk afreisde.

Monroe zat vrijwel continu krap bij kas; zelfs zozeer dat hij geregeld een paar slaven moest verkopen om de eindjes aan elkaar te knopen. Monroe was een indrukwekkende verschijning. Hij was lang en breedgeschouderd, en daardoor geschikt voor het militaire bedrijf, waarin hij uitblonk. Hij had een langwerpig gezicht. Zijn wijd uit elkaar staande ogen straalden vriendelijkheid uit. Zoals zijn biograaf Harry Ammon schrijft: 'Jefferson was, net als alle andere vrienden, zo op Monroe gesteld vanwege diens geweldige warmte, aangeboren goedheid en zijn snelle inspelen op wat andere mensen bezighield.'

Niet gekozen in de Grondwetgevende Vergadering (1787) kantte Monroe zich aanvankelijk tegen de nieuwe Constitutie. Hij draaide echter spoedig bij. Nadat hij in 1790 tot Senator was gekozen, ontwikkelde hij zich al spoedig tot een van de kopstukken van de Republikeinen en maakte hij indruk door de manier waarop hij openbaarheid van de beraadslagingen bepleitte.

In 1794 volgde zijn benoeming tot gezant in Parijs. Met zijn warme belangstelling voor de Franse Revolutie was dat een uitgelezen post. Monroe wist de vrouw van Lafayette, die als edelvrouwe in de revolutionaire kerkers zuchtte, los te krijgen. In zijn ambtswoning La Folie ontving hij onder anderen de Amsterdamse bankier Van Staphorst, een telg van het bankiersgeslacht dat de jonge Amerikaanse Republiek met leningen belangrijke diensten bewees.

Wegens onvrede van de regering in Washington over de te slap geachte manier waarop Monroe in Parijs het Jay-verdrag verdedigde dat Amerika met de Britten had gesloten (en waarvan de Fransen weinig gecharmeerd waren), werd hij in 1798 tegen zijn zin teruggeroepen. Terug in Amerika publiceerde Monroe een vlammende verdediging van 407 bladzijden voor zijn gedrag in Parijs. 'Nu onze nationale eer in het stof ligt, zal het lang duren voordat we kunnen vergeten wie wij zijn, eeuwen zullen niet genoeg zijn om ons terug te brengen op het oude niveau,' schreef de in zijn *amour-propre* diep geraakte ex-gezant in *The View*.

Eerherstel volgde in 1803, toen Monroe werd aangewezen om in Parijs te onderhandelen over de aankoop uit handen van Napoleon van Louisiana en het onmetelijk grote achterland: de zogeheten Louisiana Purchase, die mede werd gefinancierd door de Amsterdamse bank Hope & Co. Hierna volgde een nieuw gezantschap, ditmaal in Londen (1803-1807). Monroe beklaagde zich er weleens over dat bij diners soms vertegenwoordigers van staatjes die niet groter waren dan het grondgebied van zijn boerderij (maar wel ouder waren dan Amerika) préséance genoten.

In 1811 (tot 1817) volgde zijn benoeming tot minister van Buitenlandse Zaken. Zijn *finest hour* kwam nadat de Britten in de zomer van 1814 Washington in de as hadden gelegd. De minister van Defensie was bij voortduring afwezig en de belangrijkste Amerikaanse generaals 'wisten zelfs niet hoe ze op de vlucht moesten slaan'. President James Madison vroeg aan Monroe om de verdediging op zich te nemen. Te paard van de ene linie naar de andere stormend, lukte dat deze dappere Virginian wonderwel.

In zijn inaugurele toespraak als president, op 14 maart 1817, waarschuwde Monroe tegen een te grote afhankelijkheid van buitenlandse producten. Het begin van zijn eerste ambtstermijn werd *The Era of Good Feelings* genoemd. Na de onrustige beginperiode van de Republiek werd het tijd om aandacht te schenken aan de verdieping van de nationale identiteit. Die werd op de proef gesteld toen een felle strijd ontbrandde over de vraag of Missouri, waar nog slavernij bestond, kon worden toegelaten tot de Unie. Uiteindelijk werd bij *The Missouri Compromise* van 1820 zowel Maine (vrij van slaven) als Missouri toegelaten.

Totdat de Monroes er kwamen wonen, werd over de ambtswoning gesproken als het Huis van de President of soms als het Presidentieel Paleis. De beschadigingen die door de brand waren ontstaan, werden weggewerkt onder een laag glimmende, witte verf. Al snel raakte de benaming het Witte Huis in zwang.

James Monroe stierf, 73 jaar oud, in New York op 4 juli 1831, en is daarmee de derde van vijf presidenten die op de Nationale Dag overleden. 'Keer zijn ziel binnenstebuiten en je zult geen vlekje vinden,' had Thomas Jefferson al in 1787 over hem gezegd.

Gevoelige en depressieve 'Nederlandse' president

30   Het waren gelukkige jaren (1794-1797) voor de depressieve
John Quincy Adams (JQA) toen hij in Den Haag gevolmachtigd
minister – ambassadeur – was. Nederland was het land waar
hij als kind al kwam en waarvan hij de taal perfect beheerste.
Aan zijn vriend James Gardner in Boston schreef hij: 'Ik heb
hier gevonden wat ik nodig had, vooral ook omdat ik mijzelf
heb hervonden.' Hij hoefde niet langer zijn weg te zoeken in
de advocatuur, die hem verveelde, en hij was nu financieel onafhankelijk, want de buitenlandse dienst van de jonge republiek
betaalde goed.

Als er al eens een onbevredigende dag in Den Haag was,
dan was de verklaring daarvoor, zoals wij uit zijn dagboek weten, dat 'de Hollandse nimfen' hem niet konden bekoren. In de
tijd dat hij in Leiden studeerde (1781-1782) was dat niet anders
geweest. In de winter van 1781 leerde hij schaatsen op de grach-
ten van Leiden. Hij was trots op zijn gloednieuwe schaatsen,
een cadeau van zijn vader. Het gaat om sierlijkheid, niet om de
snelheid, had die hem op het hart gebonden. JQA was als kind
al meegereisd met zijn vader, toen die als eerste Amerikaanse
gezant bij de Republiek der Verenigde Nederlanden in Amsterdam en Den Haag was geaccrediteerd (1780-1782).

Zijn moeder, Abigail Adams, die was achtergebleven, had
haar zoon per brief aangespoord om 'toch vooral te profiteren
van de alom aanwezige properheid waar de Lage Landen om
bekendstaan'. Tijdens die reizen, vrijwel altijd samen met

zijn vader, naar Parijs, Den Haag, Londen, Berlijn en Sint-Petersburg, ontstond een hechte band tussen de twee.

Het is opmerkelijk dat JQA later zelf ook weer diplomatieke functies zou bekleden in deze vijf hoofdsteden. Rond 1809, toen Adams voor de tweede maal in Sint-Petersburg woonde, raakte hij bevriend met tsaar Alexander I. De tsaar en zijn vrouw Elizabeth Alexeievna – eerder bekend als Louise Maria Augusta van Baden – waren kinderloos gebleven en vonden niets heerlijker dan met Charles, het zoontje van Adams, op hun rug door de gangen van het paleis te kruipen.

Later zou JQA, in navolging van zijn vader, het presidentschap aanvaarden, zoals dat later ook zou gebeuren met vader George en zoon George W. Bush. Adams' dagboek, waar hij op

1 maart 1795 in Holland mee begon, verdient bijzondere vermelding. Zijn uitmuntende stijl, de precisie waarmee hij het tot zijn dood bijhield en de genadeloze manier waarop JQA naar zichzelf keek, maken het tot een uitzonderlijk document.

Een van zijn taken in Den Haag was toezicht houden op de afbetaling van de leningen die de jonge staat Amerika door toedoen van zijn vader bij Hollandse banken had weten te sluiten. Bovendien werd Den Haag als een goede uitkijkpost beschouwd. Adams stuurde bijvoorbeeld scherpzinnige rapporten over het verloop van de Franse Revolutie naar Washington, waar zijn vader toen vicepresident was.

John Quincy Adams werd op 11 juli 1767 in Braintree, Massachusetts geboren. JQA, zoals hij zichzelf aanduidde ter onderscheiding van zijn vader, was klein van stuk, had een scherpe neus en een doordringende blik. Het liefst was hij een groot dichter geworden. Bij het ontbijt had hij meestal al een paar hoofdstukken Sallustius of Plutarchus gelezen. Lichtgeraakt, gevoelig en gekweld door het idee nimmer iets groots te zullen verrichten voor de mensheid, was JQA de eerste president die veel last had van depressies.

Adams was gefascineerd door de hemel. Thuis in Quincy, Massachusetts, beklom hij altijd een heuvel om het tijdstip van de zonsopgang vast te leggen. 'Het was alsof hij geen fiducie had in de punctualiteit van de zon,' schrijft Paul Nagel in zijn fraaie biografie. In 1791 verzuimde JQA bij een zonsverduistering om een zwart glaasje voor zijn oog te houden, een omissie waardoor hij voor de rest van zijn leven last van zijn ogen hield. Als president maakte Adams zich sterk voor de oprichting van een nationaal observatorium. 'Een vuurtoren voor het heelal,' noemde hij het.

In september 1817 maakten Adams en zijn vrouw Louisa – onafhankelijk van geest, maar aanhankelijk van aard – per stoomboot de reis van Massachusetts naar Washington. Adams, die altijd met een zeilschip naar Europa was gekomen, was opgetogen. President James Monroe bood Adams het ministerschap van Buitenlandse Zaken aan. Onder de drie laatste presidenten was die functie steeds een opstap naar het presidentschap geweest. Het ministerschap werd een succes. De zogeheten Monroe-doctrine ('Amerika voor de Amerikanen', bedoeld om het interne Amerikaanse expansieproces veilig te stellen) draagt de naam van de president, maar werd door Adams bedacht.

De strijd voor het presidentschap eindigde in 1824 voor het eerst onbeslist, zodat het Huis van Afgevaardigden uitkomst moest brengen. Dat koos voor John Quincy Adams. Adams vroeg daarop onmiddellijk Henry Clay, een van zijn rivalen, om minister van Buitenlandse Zaken te worden. Een derde concurrent, Andrew Jackson, sprak van een *corrupt bargain*, een smerig handeltje. Jacksons tijd zou nog komen; hij werd in 1829 president.

Het presidentschap van Adams junior, die van 1803 tot 1808 Senator was geweest voor de staat Massachusetts, werd een grote teleurstelling. Het Congres lachte zijn plannen (zoals de bouw van een observatorium) weg en meende dat de Constitutie andere voornemens, zoals het aanleggen van grote publieke werken, niet toeliet. De president werd vooral moe van de eindeloze reeks dagelijkse bezoekers. Iedereen die hem wilde spreken, hoefde maar op de trappen van het Witte Huis plaats te nemen en op zijn beurt te wachten. Als zich onder zijn bezoekers toevallig een tandarts aandiende, was Adams wel zo gewiekst om de gelegenheid te baat te nemen en een kies te laten trekken.

Na zijn presidentschap heeft JQA zich nog zeventien jaar beijverd als lid van het Huis van Afgevaardigden. En dat is uniek. Hij streed tegen de slavernij en voor de vrijheid van het woord. John Quincy Adams stierf op woensdag 23 februari 1848 in het harnas, in het Capitool. Zijn laatste woorden waren vermoedelijk: 'Dit is het einde van de wereld, maar ik ben tevreden.'

Eeuwige outsider, nationale held en feestnummer

Toen president Andrew Jackson op 30 januari 1835 het Capitool in Washington verliet, kwam Richard Lawrence, een geestelijk gestoorde huisschilder van 32, met een pistool op hem af en vuurde tweemaal. Beide keren weigerde het wapen dienst (een kans van 1 op 125.000). Daarmee werd Jackson de eerste president op wie een aanslag werd gepleegd.

Voor zover men een duel als een soort georkestreerde aanslag wil beschouwen, was Jackson bijna dertig jaar eerder ook al de dans ontsprongen. In een duel om de eer van zijn vrouw Rachel, die een tijd met hem in bigamie had geleefd, doodde Jackson weliswaar zijn tegenstander, maar kreeg hij zelf vlak bij zijn hart een kogel in de borst waarvan hij tot aan zijn dood last heeft ondervonden.

Jackson was geboren op 15 maart 1767 in Waxhaw, South Carolina. Hij was de eerste van zeven presidenten die in een blokhut het levenslicht zagen. Al spoedig wees geworden, groeide Jackson op onder armelijke omstandigheden. Een erfenis van zijn Ierse grootvader bracht hem enigszins boven jan. Veel onderwijs kreeg de jonge wildebras aanvankelijk niet, waardoor hij altijd slecht is blijven spellen. Dansen, gokken, paarden en drank genoten zijn bijzondere belangstelling.

Als student was Jackson een liefhebber van de practical joke. Toen hij het jaarlijkse kerstfeest van zijn onbeduidende universiteit moest organiseren, een deftige aangelegenheid, richtte hij ook een uitnodiging aan een vermaard moeder-

dochterteam van prostituees. Met uitzondering van Jackson zelf vond niemand het erg grappig toen de dames inderdaad op het feest verschenen.

Toch was hij niet alleen een feestnummer. Op zijn dertiende had Jackson zich, samen met zijn oudere broer Robert, bij het Continentale leger gemeld. Tijdens de Amerikaanse Vrijheids- oorlog werd hij in 1780 krijgsgevangene gemaakt. Toen hij wei- gerde diens laarzen te poetsen gaf een Britse officier hem een haal met zijn sabel. Jackson heeft het litteken op zijn voorhoofd altijd als een geuzenteken gedragen.

Na enkele jaren de advocatuur te hebben uitgeoefend, ver- huisde Jackson naar Tennessee. In 1812 maakte gouverneur William Blount hem generaal-majoor. Zonder dat hij daar altijd duidelijke orders voor had, marcheerde 'Old Hickory' ('Ouwe Taaie'), zoals zijn mannen hem liefkozend noemden, op tegen de Creek-indianen, de Spanjaarden in Florida en de Britten bij New Orleans, die hij met een kleinere troepenmacht onder dekking van de ochtendnevel overweldigend versloeg. Zijn naam als nationale held was gemaakt.

Jackson was lang en mager, had een hoekig gezicht en een kuif van zandkleurig haar, dat toen hij president werd echter allang grijs was geworden. Hij had doordringende, staalblauwe ogen en werd vaak bespot wegens veelvuldig kwijlen. Doordat zijn gezondheid tijdens zijn ambtsperiode abominabel was, werd gevreesd dat hij de eerste president zou worden die in het harnas stierf.

Zijn militaire roem gaf zijn politieke aspiraties vleugels. Verkiezing in de Senaat volgde spoedig. Jackson was een man van actie, een consistente politieke filosofie had hij niet. Jackson, die in feite tot de betere kringen van Tennessee behoorde, heeft zich altijd opgeworpen als man van het volk, als democraat in hart en nieren. Daar viel nogal wat op af te dingen. Zoals Congreslid Thomas Abernethy het in een verzamelbundel over Jackson uitdrukt: 'Hij dacht dat hij oprecht was toen hij tot de gewone man sprak, maar hij heeft nooit veel gedaan om diens zaak te bevorderen. Hij moedigde hem vooral aan om de zijne te steunen.'

Op nationaal niveau presenteerde Jackson zich als de eeuwige outsider, als de representant van de ruige grensgebieden, als de man die een afkeer van Washington had (dat is ook tegenwoordig nog een geliefd thema van presidentskandidaten) en als een welkome afwisseling na al die deftige heren uit Virginia. Vier van de zes eerste presidenten stamden immers uit de 'landadel' van Virginia.

Bij de presidentsverkiezingen van 1828 moest Jackson het opnemen tegen de zittende president, John Quincy Adams. Jackson kreeg daarbij steun van zijn goede vriend Samuel Swartwouts, een speculant en handelaar van Hollandse komaf.

De Democraat Jackson kreeg 56 procent van de stemmen. Ontevreden met zijn kabinet, verzamelde de nieuwe president een aantal adviseurs om zich heen, onder wie veel journalisten, voor informeel overleg op het Witte Huis. Het begrip 'keukenkabinet' was geboren.

Een van de belangrijkste kwesties was die over de hoogte van de importtarieven. Deze zaak was van grote importantie omdat de belangen van de geïndustrialiseerde staten niet parallel liepen met die van de agrarische streken. Daaronder ging echter een nog belangrijker strijdpunt schuil, namelijk de vraag of de individuele staten de federale wetten aan hun laars mochten lappen als die hen niet zinden – de zogeheten nullificatie. Jackson herinnerde er zijn zuidelijke tegenspelers aan dat nullificatie bijna gelijkstond aan afscheiding, en dus aan verraad. Hij zou niet aarzelen om gewapenderhand in te grijpen. In 1838 kwam het tot een compromis.

Een tweede cruciale kwestie was die van de Federale Bank. Jackson weigerde in 1832 het charter ervan te verlengen. Hij beschouwde de bank als een elitaire, monopolistische instelling die de belangen van de oostelijke industrie liet prevaleren boven die van de kleine ondernemer die om krediet verlegen zat.

Na het bijwonen van de inauguratie van zijn opvolger en vertrouweling Martin Van Buren (4 maart 1837), trok de weduwnaar Jackson zich terug op zijn landgoed The Hermitage buiten Nashville. Daar stierf hij op 8 juni 1845. Zijn laatste woorden waren: 'Wees goede kinderen, dan zullen wij elkaar allemaal in de hemel terugzien.'

Tussen Vrijheidsstrijd en Burgeroorlog

Aan het einde van zijn leven boerde Martin Van Buren aan de voet van de Catskill Mountains in de staat New York. In 1843 verzocht hij Hermanus Bleeker in Nederland per brief om hem 'een eersteklas Hollandse koe' te bezorgen. De gouverneur van New York vond het opmerkelijk 'hoe een nationale smaak zoals deze overgaat van generatie op generatie'.

Van Buren werd 61 jaar eerder, niet ver daarvandaan, op 5 december 1782 in Old Kinderhook, New York geboren. Als president zou hij elk document signeren met OK, voor Old Kinderhook. Waarschijnlijk komt de uitdrukking 'okay' hier vandaan. Van Buren zou de eerste president zijn die als Amerikaans staatsburger ter wereld was gekomen. Zijn zeven voorgangers waren allemaal nog van voor de Onafhankelijkheidsverklaring (1776) en in de wieg dus nog Britse onderdanen. Van Buren was in zekere zin een tussenpresident, te jong voor een bijdrage aan de Vrijheidsoorlog (1775-1783) en te oud om nog een rol te spelen in de Burgeroorlog (1861-1865).

Van Buren was van Nederlandse komaf. Zijn overgrootvader was in 1631 zonder een cent vanuit het Gelderse plaatsje Buren naar Amerika gekomen. Op Manhattan kocht hij in 1646 zijn eigen 'huis en plantage' op een stuk grond dat ongeveer samenvalt met het huidige Greenwich Village.

Met het familiefortuin ging het in de loop der tijd kennelijk weer wat minder, want Van Burens eigen vader had slechts een kroeg, waarin Martin vaak moest helpen. Hij laafde zich daar

aan twistgesprekken tussen vooraanstaande politici, zoals Aaron Burr en Alexander Hamilton.

Met zijn vrouw en jeugdliefde Hanna Hoes (1783) en hun vier kinderen sprak Martin Van Buren thuis Nederlands. Wanneer hij bij een optreden in het openbaar – en dat ging natuurlijk in het Engels – opgewonden raakte, viel in zijn stem vaak een Nederlands accent te beluisteren.

Van Buren was een kleine, gedrongen man. Hij had diepliggende blauwe ogen en een klassieke neus. Tegen de tijd dat hij president werd (1837) had hij wild wit haar en reusachtige bakkebaarden. Hij kleedde zich als een dandy en werd daarom in de pers vaak bespot.

Van Buren was een vrolijke, optimistische man. Hij was de

droom van iedere gastvrouw, want op feesten en partijen waren er weinig zo onderhoudend als hij. Hij was er altijd op uit om een goede indruk te maken. Tegelijkertijd liet hij als het om belangrijke kwesties ging vrijwel nooit het achterste van zijn tong zien.

Formeel stelde zijn opleiding weinig voor. Maar onder de hoede van een uitstekende jurist in zijn geboorteplaats, ontwikkelde Van Buren zich snel tot een goede advocaat. Al op zijn vijftiende mocht hij in een routinezaak voor een jury pleiten.

Hanna Hoes stierf, 35 jaar oud, aan tuberculose. Van Buren trouwde nooit meer, al heeft hij volgens sommigen nog wel een aanzoek gericht tot Ellen Randolph, de kleindochter van Thomas Jefferson.

Van 1812 tot 1820 was Van Buren Senaatslid in het deelstaatparlement van New York. Door zijn toedoen werd de mogelijkheid om schuldenaren vast te zetten in de gevangenis uit de wet geschrapt.

In 1821 werd hij voor New York tot (federale) Senator in Washington gekozen, een positie die Hillary Clinton later zou bekleden. Van Buren ontwikkelde zich tot een van de kopstukken van de Democratische Partij. Hij kwam op voor de rechten van staten en vond dat de federatie zich niet moest inlaten met grote infrastructurele werken.

Deze Noorderling heeft altijd geprobeerd om de Zuidelijke Senatoren voor zich te winnen. Onder meer in de kwestie van de douanetarieven, waarbij de belangen tussen Noord en Zuid sterk uiteenliepen. Dit betekende ook dat Van Buren er bewust een halfslachtig standpunt over de slavernij op nahield. Afschaffing was voor de Zuidelijke Democraten onbespreekbaar, maar die boodschap kon Van Buren in New York onmogelijk tot de zijne maken.

In 1829 benoemde president Andrew Jackson hem tot minister van Buitenlandse Zaken. Die functie gold als een opstapje naar het presidentschap.

Van Buren was het enige lid van het kabinet dat niet meedeed aan een snoeiharde sociale boycot van Peggy Eaton, die voordat ze zijn echtgenote werd een overspelige relatie had onderhouden met John Eaton, Jacksons grote vriend en minister van Oorlog. Jackson stelde deze ruimdenkendheid op prijs en begon Van Buren voor het vicepresidentschap en uiteindelijk voor de hoogste functie te pousseren.

Als president (1837-1841) betoonde Van Buren zich verrassend huiverig om het grondgebied uit te breiden. Dat zou zowel in het Noorden als in het Zuiden mogelijk zijn geweest.

In het grensgebied tussen Maine en New Brunswick woedde aan de Canadese kant een opstand tegen het Britse gezag. Toen op last van de Britten het stoomschip *Caroline*, beladen met voorraden voor de opstandelingen, in Amerikaanse wateren in brand was gestoken en de Niagara Watervallen was afgeduwd, had Van Buren een uitgelezen casus belli gehad.

De president hield de boot af toen Texas, dat zich in 1836 had losgemaakt van Mexico, graag bij de Unie wilde horen. Van Buren weigerde voornamelijk omdat daardoor de slavernijkwestie weer zou gaan spelen.

In 1840 bepaalde Van Buren dat de werkdag voor alle arbeiders op federale projecten tien uur zou bedragen. Volgens zijn biograaf Donald Cole was die maatregel niet ingegeven door sociaal gevoel maar door de behoefte aan overzichtelijkheid.

Van Buren stierf 24 juli 1862 op zijn landgoed Lindenwald in Kinderhook, zijn geboorteplaats, waar in de Nederlands-hervormde Kerk een dienst voor hem werd opgedragen.

De kortstzittende president

William Harrison is de eeuwigheid ingegaan door de kortstondigheid van zijn presidentschap. Met zijn 68 jaar was hij, tot de verkiezing van Ronald Reagan, de oudste man die als president werd ingehuldigd.

Zijn toespraak op 4 maart 1841 duurde een uur en veertig minuten. Het was de langste inaugurele rede ooit. Hevige maartse buien ontlaadden zich die dag boven Washington. De president droeg hoed noch overjas. Harrison liep een longontsteking op.

Zijn omgeving dacht steeds dat hij aan de beterende hand was, maar zelf zei hij op de voorlaatste dag van zijn leven: 'Ik ben ziek, veel zieker dan ze denken dat ik ben.' Op 4 april – precies een maand na zijn inhuldiging – overleed William Harrison.

Net als vier van zijn acht voorgangers werd Harrison in Virginia geboren. Hij zag op 9 februari 1773 op de Berkeley Plantage het levenslicht en zou de laatste president zijn die als Brits onderdaan ter wereld kwam.

Zijn prille jeugd viel samen met de Amerikaanse Vrijheidsoorlog. Toen hij acht jaar was, werd zijn ouderlijk huis in de as gelegd door aan de Britse koning loyale troepen onder aanvoering van generaal Benedict Arnold. Die namen de slaven, het vee en de paarden mee.

Op jonge leeftijd besloot Harrison dokter te worden. Tijdens zijn eerste jaar aan de medische faculteit van de University of Pennsylvania in Philadelphia overleed zijn vader. Geldgebrek

noopte de zoon in augustus 1791 om zijn roeping op te geven
en zich aan te melden bij het leger.

Daar gedroeg hij zich uitgesproken dapper. Vooral in de oor-
logen tegen de indianen in de Noordwestelijke Gebieden. Van
1800 tot 1812 was hij gouverneur van de Indiaanse Gebiedsde-
len. Door zijn verdragen met de indianen kwamen er miljoenen
hectares grond voor ontginning door blanke kolonisten beschikbaar in zuidelijk Indiana en Illinois.

Lang niet alle indianen legden zich bij de verdragen neer.
Daarom rustte Harrison in 1811 met de zegen van Washington
een strijdmacht van duizend man uit en trok hij ten strijde tegen
de roemruchte broers Tecumseh en Tenskwatawa (die bekend-
stond als 'de Profeet') van de Shawnee-stam.

Op de ochtend van de 7de november, toen de soldaten van Harrison nog sliepen, vielen de indianen, door 'de Profeet' ervan overtuigd dat de wapens van de blanke man hen niet konden deren, het kampement bij Tippecanoe Creek aan.

Volkomen verrast wist Harrison, zij het met de grootste moeite, de krijgskansen te keren. Het bloedbad bij Tippecanoe, dat Harrison de bijnaam 'Old Tippecanoe' opleverde, demoraliseerde de indianen zodanig dat er nadien van georganiseerd verzet geen sprake meer was.

Harrison was mager en van een gemiddelde lengte. Hij had dun bruin haar boven een lang en hoekig gezicht, ogen die dicht bij elkaar stonden en dunne lippen. Hij was een man zonder poespas, vriendelijk en gemakkelijk te benaderen. Een dominee die vaak te gast was in zijn huis in Ohio omschreef Harrison als volstrekt onpretentieus.

Tweeëntwintig jaar oud trouwde Harrison op 25 november 1795, toen zijn aanstaande schoonvader op reis was, met Anna Tuthill Symmes, die twee jaar jonger was dan hijzelf. De vader van de bruid, die het garnizoensleven voor zijn dochter niet zag zitten, had zich fel tegen het huwelijk verzet.

Op een afscheidsdiner voor generaal 'Mad' Anthony Wayne, wiens *aide de camp* Harrison was, had Symmes de jonge officier openlijk gevraagd hoe hij dacht zijn dochter te kunnen ondersteunen. 'Met mijn zwaard en mijn krachtige rechterarm,' luidde het vlugge weerwoord van Harrison.

Zijn militaire carrière liep moeiteloos over in een politieke. Harrison werd zowel lid van het Huis van Afgevaardigden als van de Senaat. In beide gremia kwam hij op voor de belangen van de militairen. President John Quincy Adams benoemde hem in 1828 tot gezant in Bogotá, Colombia, waar hij te maken kreeg met de Latijns-Amerikaanse vrijheidsheld Simon Bolivar.

Doordat president Andrew Jackson het systeem invoerde waarbij alle hoge functionarissen hun functies dienen neer te leggen bij een machtswisseling in het Witte Huis, duurde het verblijf van Harrison in Bogotá slechts een jaar.

Nadat Harrison in 1836 tevergeefs had geprobeerd het presidentschap te bemachtigen namens de Whigs, de latere liberaal-democraten, probeerde hij het in 1840 opnieuw. Die campagne was de eerste waarbij twee goedgeorganiseerde nationale partijen met behulp van toespraken en drukwerk ten strijde trokken.

Het belangrijkste symbool van de Whigs – een afbeelding van een blokhut en een vat cider – was ontleend aan een blunder van de Democraten. Met de bedoeling de spot te drijven met Harrisons gebrek aan intellectuele diepgang en met zijn ouderdom, had een partijkrant in Baltimore geschreven: 'Geef hem een vat met cider en een pensioen van 2.000 dollar per jaar, en reken maar dat hij dan voor de rest van zijn dagen in een blokhut blijft zitten.'

De Whigs beschouwden die omschrijving als het bewijs dat deze aristocraat uit Virginia de smaak van de gewone man deelde. Pro-Harrisonbijeenkomsten werden in het Westen in blokhutten gehouden, waarbij de cider rijkelijk vloeide.

De bekendste slagzin luidde: *'For Tippecanoe and Tyler too.'* Met Tyler werd de kandidaat voor het vicepresidentschap John Tyler bedoeld, die 'Tippecanoe' al in april 1841 zou moeten opvolgen.

In de maand dat zijn presidentschap duurde, benoemde Harrison een sterk kabinet, met als kopstuk Daniel Webster op Buitenlandse Zaken. Ook riep hij een speciale zitting van het Congres bijeen om de toestand van de economie te verbeteren.

Tijdens zijn laatste levensdagen werd de president gehinderd door de stroom van baantjesjagers die hem op zijn ziekbed kwamen lastigvallen. Zijn laatste woorden waren: 'Ik wil dat jullie de werkelijke beginselen van het regeren kennen, ik wil dat jullie die ten uitvoer brengen. Meer verlang ik niet.'

President zonder partij en zonder vicepresident

Hoewel hij nota bene vicepresident was, werd John Tyler in de lente van 1841 niet op de hoogte gehouden van de snel verslechterende gezondheidstoestand van de enkele weken eerder aangetreden president William Harrison.

Daarom kon Tyler zijn oren niet geloven toen een ambtenaar van het ministerie van Buitenlandse Zaken hem in de vroege ochtend van 5 april thuis in Williamsburg kwam vertellen dat Harrison de vorige dag, na slechts een maand in het ambt, was overleden. Tyler vertrok ogenblikkelijk naar Washington, waar hij op 6 april werd ingezworen.

John Tyler was een rijkeluiszoon die zich vrijwel zijn hele leven uitsluitend aan de publieke zaak wijdde. Hij werd op 29 maart 1790 geboren op Greenway, een plantage in de staat Virginia die al generaties lang in het bezit was van zijn familie.

Uit zijn vroege jeugd stamt het wellicht apocriefe verhaal dat hij een keer 's nachts zijn armen uitstrekte naar de hemel en probeerde de maan te pakken. Zijn moeder moet toen hebben uitgeroepen: 'Zijn aspiraties reiken zo ver dat dit kind wel voorbestemd moet zijn om president van de Verenigde Staten te worden.'

Tyler had blauwe ogen, flaporen, hoge jukbeenderen en een klassieke neus. Zijn gezondheid was slecht. Hij had de gemakkelijke charme en het gevoel voor stijl van een landeigenaar met een fraaie stamboom uit het Zuiden. De enkele keren dat hij zich tussen lieden van de werkende stand begaf, was hij echter

onwennig en afstandelijk. Deze houding werd vaak voor ijdelheid gehouden, maar zijn biograaf Robert Seager schreef haar toe aan 'aangeboren verlegenheid en ongemak in het gezelschap van mensen met vieze vingernagels'.

Als student aan het befaamde College van William and Mary in Williamsburg toonde Tyler veel belangstelling voor economie; Adam Smith' boek *The Wealth of Nations* was zijn plechtanker. Van zijn vader had hij uitstekend viool leren spelen. Tot zijn favoriete nummers behoorde *Home Sweet Home*.

Op zijn 23ste trouwde Tyler met de een jaar jongere Letitia Christian, de dochter van een vermogende planter. Het huwelijk was gelukkig en werd rijkelijk gezegend met kinderen. Ze kregen er zeven.

In 1839 werd Letitia door een beroerte getroffen. In de jaren dat haar man president was, verliet ze slechts één keer de bovenverdieping van het Witte Huis: voor het huwelijk van hun dochter Elisabeth.

Enkele maanden na de dood van Letitia, in september 1842, werd Tyler steeds vaker gezien in het gezelschap van Julia Gardiner, een mooie jonge brunette, die vijf jaar eerder, op haar negentiende, de society van New York had ontriefd door, overigens in alle eer en deugd, in een advertentie een warenhuis aan te prijzen. Het was de eerste bekende *testimonial* in de reclamewereld.

Tyler en Gardiner trouwden in 1844 en kregen samen ook nog eens zeven kinderen. Julia Gardiner genoot ervan om First Lady te zijn. In de laatste maanden van het presidentschap van haar echtgenoot organiseerde zij een partij voor drieduizend mensen in het Witte Huis.

Haar man, die tegen die tijd feitelijk partijloos was geworden, maakte bij die gelegenheid het grapje dat hij *after all* toch nog een grote partij had.

In het Huis van Afgevaardigden (1816-1821) was Tyler tegen de Centrale Bank, hoge tarieven en federale bemoeienis met grote publieke werken. Als eerste vicepresident die in het Witte Huis terechtkwam wegens de dood van de president werd Tyler met zijn (klassieke) neus gedrukt op een onduidelijkheid in de Grondwet. Er ontstond strijd over de vraag of hij nu vicepresident bleef, en dus het hoogste ambt slechts waarnam, dan wel of hij president *tout court* was geworden. Deze lezing prevaleerde ten slotte. Tyler zelf weigerde post open te maken die geadresseerd was aan 'Acting President Tyler'.

Het had weinig gescheeld of Tyler had op zijn beurt zijn hoge ambt voortijdig vaarwel moeten zeggen. Op 28 februari 1844 inspecteerde de president, vergezeld van andere hoogwaardigheidsbekleders, de *USS Princeton*, een geavanceerde oorlogsbodem, de eerste stoomboot van zijn soort die door een schroef werd voortgedreven. De bedoeling was om tijdens een tochtje op de rivier de Potomac de *Peacemaker*, 's werelds grootste scheepskanon, enkele malen af te vuren. Bij het derde salvo explodeerde het kanon, waarbij minister van Buitenlandse Zaken Abel P. Upshur en meerdere bemanningsleden de dood vonden. Doordat de president zich net even benedendeks bevond, bleef dat lot hem bespaard.

Tyler ijverde met succes voor de annexatie van Texas. Die kwestie kon niet los worden gezien van het verder verbreiden van de slavernij in westelijke richting. Tyler was een expansionist die veel sympathie voor de slavenhouders had. Hij was als Whig aangetreden en wegens onenigheid in zijn eigen partij geëindigd als Democraat.

Maar ook bij de Democraten verspeelde Tyler zoveel sympathie dat hij niet voor herverkiezing in aanmerking kwam. Uitgeput keerde Tyler in 1845 van het slagveld in Washington terug naar het leven op de plantage.

Zijn carrière kende nog een korte opleving toen hij in 1861 presideerde over de Conventie van Richmond, bijeengeroepen om Noord en Zuid alsnog met elkaar te verzoenen. Vlak voor diens inauguratie ontmoette hij met datzelfde doel de nieuwe president, Abraham Lincoln, in het Willard Hotel in Washington.

Maar ook die poging strandde. De afscheidingsoorlog was onvermijdelijk geworden. Tyler werd lid van het voorlopige Congres van de (Zuidelijke) Confederatie. Op 18 januari 1862 stierf hij, 71 jaar oud, aan de gevolgen van bronchitis in het Exchange Hotel te Richmond, Virginia. Zijn laatste woorden waren: 'Dokter, ik ga, misschien is dat maar het beste ook.'

Van rokkenjager
tot introverte tobber

Volgens zijn biograaf Thomas Fleming kwam de beslissende wending in het leven van James Polk in 1823. De knappe, 27-jarige Zuiderling had een baantje bij het parlement van Tennessee, maar de jonge Polk stak meer tijd in het najagen van vrouwelijk schoon dan in zijn werk. Toen hij zijn 'politieke peetvader', generaal Andrew Jackson, om advies vroeg over hoe het verder moest met zijn loopbaan, zei de oude ijzervreter: 'Zit niet langer achter de vrouwen aan, kies degene die je het minst last bezorgt en leef als een sober heerschap.'

Jackson had Sarah Childress op het oog voor zijn beschermeling. Zij was intelligent, bezeten van de politiek en negentien jaar oud. Polk volgde Jacksons advies. Childress accepteerde zijn aanzoek op voorwaarde dat hij zich zou kandideren voor het Huis van Afgevaardigden van de deelstaat.

James Polk werd op 2 november 1795 geboren op de familieboerderij in het district Mecklenburg, North Carolina. Toen hij tien jaar oud was, verhuisde het gezin naar het hart van Tennessee, waar zijn grootvader al eerder land had gekocht. Polk kon maar moeilijk meekomen met zijn rauwdouwende kornuiten. Op zijn zeventiende onderging hij een levensgevaarlijke galsteenoperatie. Sterke drank vormde de enige verdoving, terwijl de instrumenten niet waren gesteriliseerd.

Polk was stevig gebouwd, hij had diepliggende, grijze ogen, en zijn lange, zwarte – later witte – haar was naar achteren gekamd. Zijn gezondheid zou altijd zwak blijven. Polk was een

nogal introverte tobber met weinig echte vrienden. Toch hadden de mensen niet het land aan hem.

Polk mocht dan weinig briljant zijn, hij had een enorme dadendrang. Hij overtuigde nooit door zijn charisma, wel door zijn ongeëvenaarde kennis van zaken. 'Een groot president die zei wat hij van plan was om te doen, en het ook deed,' luidde later het oordeel van Harry S. Truman, de 33ste president (1945-1953).

Na een verblijf van twee jaar (1823-1825) in het deelstaat-parlement, was Polk lange tijd (1825-1839) lid van het Huis van Afgevaardigden in Washington, gedurende de laatste vier jaar (1835-1839) als voorzitter. Polk is de enige in die positie geweest die het later tot president zou brengen.

Waar hij maar kon, steunde Polk het politieke programma van zijn mentor Andrew Jackson. Bij de strijd om de Democratische nominatie voor het presidentschap in 1844 won Polk pas bij de negende stemronde. Hier was voor het eerst sprake van het verschijnsel dat *dark horse* heet. Dat fenomeen doet zich voor als gedelegeerden op een partijconventie het niet eens kunnen worden over een van de prominente kandidaten en een kansloos geachte politicus de race alsnog wint.

De nieuwe president stelde zich vier doelen. Ten eerste douanetarieven die voor Noord en Zuid aanvaardbaar waren, ten tweede het geschil met de Britten over de grens in Oregon tot een oplossing te brengen, ten derde Californië verwerven en ten vierde Texas behouden.

Zijn belangrijkste raadsvrouw was zijn echtgenote Sarah Childress. Toen in 1848 in het Witte Huis gasverlichting werd aangelegd, had Childress, die veel van kaarsen hield, erop gestaan dat 'de Blauwe Kamer' van die nieuwigheid verschoond zou blijven. Dat was maar goed ook, want tijdens het eerste grote feest nadat de gaslampen waren opgehangen, ging midden op de avond plotseling overal in het Witte Huis het licht uit. Niemand die eraan had gedacht het gasbedrijf te verzoeken om tot na negenen open te blijven. Maar in 'de Blauwe Kamer' vormde de first lady, badend in het kaarslicht, het stralende middelpunt.

Een ander novum was dat James Polk de eerste president is geweest van wie een daguerrotype – een vroeg soort foto – werd genomen, zoals tijdens zijn presidentschap ook de eerste zelfklevende postzegels in omloop kwamen.

President Polk verwezenlijkte de doelen die hij zich had gesteld. *Manifest Destiny,* de notie dat Amerika zich van oceaan tot oceaan zou uitstrekken, werd bewaarheid.

De Mexicaanse regering, gesteund door Engeland en Frankrijk, had na de annexatie van Texas door de Verenigde Staten alle betrekkingen met Washington verbroken. Verzoeningspogingen van Polks kant faalden. Begin 1846 hadden beide landen legers aan de Rio Grande staan. Toen de Mexicanen een patrouille Amerikaanse cavaleristen in een hinderlaag lokten en zestien van hen ombrachten, verklaarde Polk de oorlog. De Amerikaanse militairen waren numeriek in de minderheid.

Polk was zo verstandig om beroepsmilitairen te mengen met vrijwilligersbataljons. Al werd hij voor een goede opperbevelhebber gehouden, Polk bemoeide zich zelfs met de aanschaf van lastdieren en andere details nadat hij fraude bij de levering van muilezels op het spoor was gekomen.

Binnenlands was de oorlog minder een succes; in New England werd zij als een samenzwering ten faveure van de slavernij beschouwd. In 1847 drong luitenant-generaal Winfield Scott door tot in Mexico-Stad. De oorlog was afgelopen.

De president kreeg steeds meer last van zijn gezondheid en werd daas van de smekelingen die om een baantje voor zichzelf of een familielid kwamen vragen. Hij kwam het Witte Huis nauwelijks meer uit.

Op 15 augustus 1848 schreef Polk in zijn dagboek dat hij de voorgaande dertien maanden nooit verder dan 3 mijl buiten Washington was geweest. Aan het einde van zijn presidentschap was hij volkomen uitgeput en waren zijn bespiegelingen van een dodelijke somberheid.

Polk stierf op 15 juni 1849, 54 jaar oud, in zijn juist verworven residentie Polk Place in Nashville, Tennessee, waarschijnlijk aan de gevolgen van cholera. Hij was de eerste president die door zijn moeder werd overleefd.

Nauwelijks voor het hoogste ambt te porren

Anders dan zijn voorgangers had Zachary Taylor zich nooit met politiek ingelaten voordat hij in 1849 president werd. In dat opzicht leek hij op zijn verre opvolger, oorlogsheld generaal Dwight D. Eisenhower (1953-1961). Taylor had zelfs nog nooit gestemd, omdat hij als beroepsmilitair wilde vermijden een stem uit te brengen tegen zijn toekomstige opperbevelhebber.

Taylor werd op 24 november 1784 in Montebello, Virginia geboren als de zoon van een planter. Zachary was acht maanden oud toen de familie verhuisde naar de Springfield-plantage in Jefferson County, Kentucky. Op zijn zeventiende zwom hij op een koude voorjaarsdag de rivier de Ohio over, en terug.

Als jonge luitenant trouwde hij in 1810 met Peggy Smith, een ziekelijke vrouw die een hard bestaan op afgelegen garnizoensposten toch goed zou doorstaan, maar die later God zou bidden of Hij het presidentschap aan haar man voorbij wilde laten gaan. Nadat die bede niet was verhoord, vertoonde zij zich nimmer in de ontvangstruimtes van het Witte Huis en liet zij het gastvrouwschap over aan hun levendige dochter Betty Bliss.

Bijna veertig jaar lang verkeerde Taylor als garnizoenscommandant met een handjevol manschappen aan de randen van 'het nieuwe rijk'. Soms werd hij binnen het jaar alweer overgeplaatst. Zijn taak was de indianen in het gareel te houden.

Terwijl zijn dochters heimelijk verliefd waren op de knappe regimentsdokter, klaagde Taylor, onder het drinken van gekoelde melk (alcohol nam hij nooit), dikwijls over de trage gang van

zijn promotie. Door zijn superieuren werd hij als een efficiënte, maar tamelijk fantasieloze militair gezien.

Karakter had hij zeker. Zijn biograaf Jack Bauer beschrijft hoe Taylor op een dag, na een misverstand over een bevel, tegen de grond werd geslagen door een uit Duitsland afkomstige man in zijn gelederen die het Engels maar matig verstond. Taylors adjudanten snelden toe om de boosdoener in de boeien te slaan. Maar Taylor krabbelde overeind, klopte het stof van zijn jas en zei: 'Laat hem met rust, dat wordt een uitstekende militair.'

Zijn manschappen gaven hem de bijnaam '*Old Rough and Ready*', omdat hij steeds bereid was het lot van de gewone soldaat te delen en met hem in de modder te liggen.

Taylor vond het militaire nomadenbestaan zo funest voor

het gezinsleven dat hij zijn dochter Sara verbood om te trouwen met Jefferson Davis, zijn adjudant tijdens de Black Hawk-oorlog in 1832. Davis nam ontslag en het paar trouwde alsnog in het geheim. Jefferson Davis zou later president worden van de Confederatie, de afgescheiden Zuidelijke staten.

Taylor was vriendelijk van aard, eenvoudig en rechtdoorzee. Een goed hart had hij ook. Tijdens zijn veldtocht in Mexico betaalde hij enkele honderden dollars uit eigen zak voor de verzorging van de gewonden van zijn tegenstander. Maar hij kon ook exploderen van woede en hij was, zoals wij al zagen, bijzonder naijverig jegens hen die in hun militaire carrière sneller vooruitkwamen dan hij.

Zijn intellectuele belangstelling schommelde rond het nulpunt. Fysiek was Taylor nogal buiten proporties. Hij had lange armen, een stevige torso en korte benen. Hij besteedde weinig aandacht aan zijn kleding en zag er, zelfs op de slagvelden in Mexico, uit als een boer uit Vermont.

In de oorlog tegen Mexico (1846) boekte Taylor overwinningen bij Palo Alto en Resaca de la Palma. Een compliment van president James Polk en de bevordering tot majoor-generaal waren zijn deel. Toen Taylor na zijn overwinning bij Monterrey de Mexicanen genereuze voorwaarden voor de aftocht aanbood, ontstak Polk echter in woede, stond op het punt hem te ontslaan en onttrok een groot aantal manschappen aan zijn bevel.

Tijdens de legendarische slag bij Buena Vista (februari 1847) wist Taylor zich te revancheren. Met zijn superieure artillerie wist hij de numeriek driemaal sterkere Mexicaanse generaal Antonio Lopez de Santa Anna te verslaan. Met deze overwinning had Taylor zich voor het oog van de hele natie in de kijker gespeeld.

Het kwam zo uit dat er presidentsverkiezingen op komst waren. Al in 1848 was er sprake van de gewoonte dat succesrijke militaire leiders kans maakten op het hoogste politieke ambt, met als grote voorbeelden George Washington en Andrew Jackson. Binnen de partij van de Whigs vormde zich een comité van steun voor Taylor, waarin onder anderen de jonge Abraham Lincoln uit Illinois zitting had. Taylor viel aanvankelijk maar moeilijk voor de kandidatuur te porren. Het kon hem werkelijk niets schelen of hij president zou worden of niet.

De belangrijkste kwestie die speelde, zowel tijdens de campagne als tijdens zijn presidentschap, was de slavernij. Vooral de vraag of die in de nieuw verworven territoria wel of geen plaats had. Taylor, van huis uit toch een man van het Zuiden, deelde het Zuidelijke standpunt – 'Slavernij is prima' – in het geheel niet. Zijn jarenlange verblijf in de buitenposten had hem tot een fervente nationalist gemaakt en tot een trouwe dienaar van de Unie. De slagschaduw van de latere afscheiding (1861) hing al levensgroot boven zijn kortstondige presidentschap. De afgevaardigde William Bissell, een oud-kolonel, overdreef niet toen hij schreef: 'De Unie verkeert in groot, direct gevaar.'

Op buitenlands gebied bleef het vrij rustig. Het Clayton-Bulwer-verdrag met Londen retoucheerde de Monroe-doctrine (gericht tegen Europese bemoeienis met de Amerika's), in die zin dat het de Britse belangen in Centraal-Amerika erkende.

Op 4 juli 1850 werd de president na het eten van een beker ijs met vruchten onwel. Daags daarna had hij nog net de energie om een weldoener uit Boston per brief te bedanken voor de toezending van twee gerookte zalmen. Maar op 9 juli gaf hij, 66 jaar oud, in het Witte Huis de geest. Zijn laatste woorden waren: 'Ik heb altijd mijn plicht gedaan.'

Prettig in de omgang en knap, maar middelmatig

'In de negentiende eeuw was correspondentie bijna net zo onontbeerlijk voor het onderhouden van vriendschap als voor het bedrijven van politiek of het ijveren voor sociale hervormingen,' schrijft Charles Snyder, die de briefwisseling tussen Millard Fillmore en Dorothea Dix bezorgde.

Fillmore mag een middelmatige president zijn geweest, Dorothea Dix was zonder twijfel een uitzonderlijke vrouw. Geschokt door de toestand waarin de meeste gekkenhuizen verkeerden, reisde zij het hele continent over om nieuwe te doen bouwen. Jarenlang probeerde zij het Congres zover te krijgen dat het grote stukken land beschikbaar stelde ten behoeve van de krankzinnigen. Fillmores opvolger, Franklin Pierce, sprak daarover uiteindelijk zijn veto uit.

Tussen Dix en Fillmore ontwikkelde zich al gauw een grote vriendschap, die aan de rand van liefde raakte, maar daar nooit overheen schoot. Toen Dix in de eerste week van september van 1850, zonder afzeggen, een afspraak met de president op het Witte Huis had laten lopen (zij had het te druk gehad met haar gekken) en om een nieuwe had verzocht, antwoordde Fillmore, met de mildheid hem zo eigen, dat daar uiteraard een mouw aan te passen viel.

Sommige van zijn voorgangers hadden het valselijk van zichzelf beweerd om indruk te maken, maar Millard Fillmore werd daadwerkelijk in een blokhut geboren, en wel op 7 januari 1800 in het district Cayuga in de staat New York. Doordat zijn

vader, een boer, zijn land had verloren, was zijn jeugd armelijk.
Zo moest de jonge Millard bij een kleermaker in dienst, die hem
mishandelde. Al was Millard een gretige lezer, formeel onderwijs had hij weinig genoten. Om alsnog zijn schoolkennis bij
te spijkeren, schreef hij zich, negentien jaar oud, in bij het New
Hope College. Een van zijn leraressen was de domineesdochter
Abigail Powers, die een jaar ouder was dan Fillmore. Na een
langdurige verkering werden zij in 1826 man en vrouw.

Als jongeman was Fillmore verbluffend knap om te zien. Hij
was lang, had een gave huid, een hoog voorhoofd, blauwe ogen
en kleedde zich onberispelijk. Op zijn oude dag kreeg hij echter
iets papperigs. Fillmore was een prettig mens in de omgang. Hij
kwam in klein gezelschap het best tot zijn recht. Praktisch van

instelling, school er ook een idealist in hem. Vandaar zijn grote bewondering voor Dorothea Dix.

In 1823 begon hij als advocaat in East Aurora, New York. Zes jaar later werd hij voor de Whigs in het deelstaatparlement van New York gekozen. Vanaf 1833 volgden vier termijnen als lid van het Huis van Afgevaardigden in Washington. Als voorzitter van de invloedrijke begrotingscommissie loodste hij de Tariefwet van 1842 door het Congres.

Tegen de verwachting in werd Fillmore in 1848 verkozen tot vicepresident onder generaal Zachary Taylor, die hij voordien niet kende en die hem, eenmaal in functie, buiten alle staatszaken hield. Toen Taylor in juli 1850 plotseling overleed, werd Fillmore door het noodlot tot het hoogste ambt geroepen. Slecht voorbereid, bracht Fillmore het er nog helemaal niet zo beroerd af.

Het land werd steeds smartelijker verscheurd door de slavernijkwestie. De afscheiding van het Zuiden leek nog slechts een kwestie van tijd. In de hoop het onheil alsnog af te wenden, was in de Senaat, na felle strijd, het compromisvoorstel van de hand van Senator Henry Clay aangenomen. Anders dan Taylor was Fillmore bereid dit Compromise of 1850 te steunen. Zo ging het Congres akkoord met de Fugitive Slave Law, die het de Zuiderlingen gemakkelijk maakte om hun ontsnapte slaven weer terug te krijgen. Anderzijds werd Californië toegelaten tot de Unie als een ongesplitste, vrije staat. Verder werd de slavenhandel in het District of Columbia, dat samenvalt met de hoofdstad Washington, afgeschaft en kregen de staten Utah en New Mexico de bevoegdheid om zelf over slavernij te beslissen.

Toen Fillmore er enkele maanden later lucht van kreeg dat inwoners van South Carolina de federale forten in Charleston wilden bestormen, handelde hij voortvarend door het zenden van versterkingen, nadat hij generaal Winfield Scott de opdracht had gegeven een noodplan te ontwikkelen voor het geval er een gewapende opstand zou uitbreken.

Op buitenlands gebied was het voornaamste wapenfeit van deze president dat hij admiraal Matthew Perry naar Japan zond met de opdracht dat land, althans voor een deel, open te leggen voor Amerikaanse goederen. Voor Perry's missie kregen de Verenigde Staten steun van Nederland, de enige Europese mogendheid die commerciële banden met Japan onderhield.

Teleurgesteld niet op eigen kracht in 1852 te zijn gekozen, trok Fillmore zich terug in zijn woonplaats Buffalo. Vlak daarna stierven zijn vrouw en hun dochter Abby, die nog maar 22 jaar was. 'Mijn leven is zo monotoon,' schreef een gebroken Fillmore aan Dix. Om aan die sleur te ontsnappen, maakte Fillmore in 1855 een grote reis door Europa. Eind oktober van dat jaar verbleef hij kort in Amsterdam en Den Haag.

Zonder erop uit te zijn geweest, aanvaardde Fillmore in 1856 de kandidatuur van de American Party, in de volksmond de Know Nothing Party genoemd. Deze was gekant tegen ongebreidelde immigratie. Fillmore verloor kansloos.

Tijdens de Burgeroorlog ondersteunde hij de Unie, zij het dat hij het vaak oneens was met Abraham Lincoln. Door de pers werd Fillmore, ten onrechte, afgeschilderd als een pacifist. Na de moord op Lincoln (14 april 1865) werd zijn huis met zwarte inkt beklad.

Op 8 maart 1874, 74 jaar oud, stierf Fillmore aan de gevolgen van twee hartaanvallen in Buffalo.

Slap en onduidelijk, maar ideaal voor de barkruk

Op 6 januari 1853, enkele weken voordat hij als president zou worden ingehuldigd, reisde Franklin Pierce met zijn vrouw Jane en hun elfjarige zoontje Bennie per trein van Andover, Massachusetts naar Concord in New Hampshire. Zij waren op weg om in die staat, waar zij waren geboren en getogen, de begrafenis van een vriend van de familie bij te wonen. Kort na vertrek raakte de wagon waarin zij zaten los van de rest van de trein. Het echtpaar Pierce zag hun enig kind voor hun ogen verbrijzeld worden.

Jane, die zich had verzet tegen het plan van haar man om het presidentschap te zoeken, zag in dit ongeluk een vingerwijzing Gods. Vanaf toen begon ze de ambitie van haar man pas goed te haten. De echtelieden dreven steeds verder uiteen. Depressief en mensenschuw hield Jane zich twee jaar schuil in haar privé-vertrekken in het Witte Huis. Daar schreef ze haar dode kind elke dag een brief. Een tante en haar vriendin Varina Davis, de vrouw van minister van Defensie Jefferson Davis, waren zo goed haar sociale verplichtingen over te nemen.

Franklin Pierce, de eerste president die in de negentiende eeuw werd geboren, zag het levenslicht op 23 november 1804 in een blokhut aan een bocht van de rivier de Contoocook in Hillsborough, New Hampshire. Barbara Bush, echtgenote van George Bush senior, de 41ste president, en moeder van president George W. Bush, de 43ste, heeft als meisjesnaam Pierce, en is een verre verwant.

Vlak na de geboorte van Franklin, verhuisden zijn ouders met hem naar een ruime villa die zijn vader Benjamin, een held van de Amerikaanse Revolutie, had laten bouwen. Pierce, met zijn zwarte, krullende haar, zijn scherpe profiel en zijn grijze ogen, groeide uit tot een uitgesproken aantrekkelijke man. Hij was open, charmant in de omgang en goed ter tale.

'Een ideale man om op de barkruk naast je aan treffen,' schreef biograaf James Rawley. Maar hij had ook zwaar depressieve periodes en dronk veel te veel. Hij vond het moeilijk om 'nee' te zeggen en was voortdurend op zoek naar bijval en instemming.

In 1827 begon Pierce een advocatenpraktijk in zijn geboorteplaats. Nog geen twee jaar later werd hij als Democraat die denkbeelden van Andrew Jackson aanhing, verkozen in het deelstaatparlement van New Hampshire. Net als bij de meeste van zijn voorgangers, was dit een opstapje naar 'hogere honing'.

Pierce zat van 1833 tot 1842 in het Congres in Washington; eerst als Afgevaardigde, later als Senator. In die periode was zijn mening over slavernij – vreemd genoeg voor een man van het Noorden – niet veel anders dan die van de verstokte voorstanders van dat instituut uit het Zuiden.

Tijdens de Mexicaanse Oorlog (1846-1848) nam Pierce dienst in het leger, waar hij het tot brigade-generaal bracht. Gedurende de slag bij Contreras (augustus 1847) steigerde zijn paard als gevolg van verkeerd gericht artillerievuur, zodat zijn berijder op een tere plaats keihard met het zadel in aanraking kwam. Daarop viel Pierce flauw.

Zo'n flauwte zou zich nog vaker voordoen. Gedurende de campagne voor het presidentschap, vijf jaar later, was dit een kolfje naar de hand van hem vijandig gezinde cartoonisten. Talrijke variaties op het thema 'Als de strijd te heet wordt, valt Pierce flauw' vielen in de pers te bewonderen.

Pierce mocht zich dan in Mexico militair nauwelijks hebben onderscheiden, de oorlog was zo populair bij de bevolking dat hoge officieren alleen al uit het feit dat ze hadden meegevochten politieke munt konden slaan.

Tijdens de Democratische Conventie in Baltimore, in de zomer van 1852, leek Pierce geen kans te maken. Toen de Conventie voor de nominatie maar niet kon kiezen uit vier zwaargewichten voor de strijd om het presidentschap, werd Pierce, na de 35ste vergeefse stemronde, door de delegatie van Virginia alsnog in het veld gebracht. En met succes.

Bij de presidentsverkiezingen in november 1852 moest Pierce het opnemen tegen zijn oude bevelhebber in Mexico, generaal Winfield Scott. Hij won overtuigend. Pierce had graag de grenzen van de Unie naar het zuiden verlegd door de annexatie van Cuba. Drie Amerikaanse ambassadeurs in Europa kregen de opdracht te onderhandelen met Madrid, 'eigenaar' van Cuba.

Zij kwamen in 1854 met het Manifest van Oostende. Daarin werd Spanje 120 miljoen dollar voor Cuba geboden. Als Madrid niet wilde verkopen, zou Washington gerechtigd zijn om het eiland van Spanje af te nemen.

Doordat de critici van dit plan in Amerika het deden voorkomen alsof dit een voorwendsel was om de slavernij ook op Cuba in te voeren, moest Pierce zijn onderhandelaars wel desavoueren. Twee jaar later erkende Pierce de gelukzoeker William Walker, die met een zootje avonturiers Nicaragua had veroverd, als president van dat land.

Binnenslands werd zijn aandacht vooral in beslag genomen door de vraag hoe de slavernij in Kansas moest worden geregeld. Daarbij kwam het tot gevechten die aan meer dan tweehonderd mensen het leven kostten. Het stadje Lawrence (anti-slavernij) werd door 'Border Ruffians' uit het naburige Missouri (dat slavernij kende) platgebrand.

Zo hij al optrad, deed de president dat slap en onduidelijk. Pierce is de enige verkozen president geweest die van zijn eigen partij niet de kans kreeg op een tweede termijn. De twaalf jaar die hij na zijn vertrek uit het Witte Huis nog had te leven, verliepen moeizaam.

Eenmaal naar huis teruggekeerd, raakte Pierce nog zwaarder aan de drank. Bij het naderen van de Burgeroorlog sprak hij zich voor het Zuiden uit. Dat maakte hem in New England razend impopulair. Franklin Pierce stierf, 64 jaar oud, op 8 oktober 1869, in zijn woonplaats Concord, New Hampshire.

Veelgeplaagde vrijgezel in het Witte Huis

Op 4 maart 1861, het was een koude, winderige dag in Washington, reden president James Buchanan en zijn opvolger Abraham Lincoln samen in een koets naar Capitol Hill voor de inauguratie van de boomlange Republikein. 'Als het u net zoveel plezier schenkt om het Witte Huis te betreden als het mij vreugde geeft het te kunnen verlaten, dan bent u een gelukkig mens,' zei de veelgeplaagde president tegen de advocaat uit Illinois.

Die winter hadden zich al zeven Zuidelijke staten van de Unie afgescheiden. De Burgeroorlog kon elk moment uitbreken. Wellicht was die fratricide hoe dan ook niet te voorkomen geweest, maar Buchanan heeft er, al was het met de beste bedoelingen, veel toe bijgedragen dat het tot die confrontatie is gekomen.

James Buchanan werd geboren op 23 april 1791 in een blokhut in Mercersburg in het zuiden van Pennsylvania. Die blokhut duidde niet op armoede van het gezin, maar diende als tijdelijk onderkomen totdat zijn vader, die zijn handelsactiviteiten kort tevoren naar Mercersburg had verplaatst, een geschikt huis had gevonden.

Buchanan studeerde rechten en werd in 1812 toegelaten tot de balie. Drie jaar later had de jonge Democraat het al gebracht tot afgevaardigde in het deelstaatparlement in Harrisburg.

Tijdens de zomer van 1819 verloofde hij zich met de mooie Anne Coleman, 23 jaar oud en dochter van een arglistige multimiljonair. Deze had een betere partij voor zijn dochter op het

oog en maakte haar diets dat het Buchanan niet om haar hart maar om haar erfenis was te doen. Een buitengewoon kwalijke beschuldiging, daar Buchanan juist te boek stond als een goedgeefse man, die weinig aan aardse zaken hechtte.

Hoe dan ook, Anne verbrak het engagement en vertrok naar familie in Philadelphia, waar ze vlak na aankomst stierf onder nooit opgehelderde omstandigheden.

Buchanan was van binnen verwoest. Hij is nooit met een ander getrouwd en was de enige vrijgezel in het Witte Huis. Zijn lievelingsnichtje Harriet Lane, een wees, hielp hem met de sociale verplichtingen, zoals eerder ook al bij zijn diplomatieke plaatsingen in Sint-Petersburg en Londen.

Volgens zijn biograaf Philip Shriver Klein deed James Buchanan alle dingen grondig. Met verstand van zaken. Hij had geen talent om vernietigend uit te halen naar zijn tegenstanders – daar was hij te vriendelijk voor – of voor de briljante inval.

Buchanan was een knappe, breedgeschouderde man met een buikje. Zijn huid was blank en zijn ogen waren blauw. Hij had tamelijk kleine voeten en maakte snelle passen. Zijn hals was meestal naar links gedraaid. Dat kwam door een oogaandoening. Het ene oog was bijziend, het andere verziend.

Tussen zijn lidmaatschap van het Huis van Afgevaardigden (1821-1831) en dat van de Senaat (1834-1845) lag, als een toastje met kaviaar, Buchanans gezantschap in Sint-Petersburg (1832-1833). Hij onderhandelde daar over een commercieel verdrag met tsaar Nicolaas I, die hem bij zijn afscheid omhelsde met de woorden: 'Laat uw regering mij toch vooral een nieuwe Buchanan sturen.' Op zijn terugreis deed hij in augustus 1833 onder meer Amsterdam en Den Haag aan.

In Londen dineerde hij bij de Russische gezant, prins Lieven, met coryfeeën uit de Europese top: Talleyrand (Frankrijk), Esterházy (Oostenrijk), Von Bülow (Pruisen) en Lord Palmerston (Groot-Brittannië). Voor het eerst van zijn leven begon hij over het presidentschap te denken.

Toen hem twintig jaar later het gezantschap in Londen werd aangeboden (1853-1856), dacht Buchanan, die intussen (1845-1849) minister van Buitenlandse Zaken was geweest, aan weinig anders meer dan aan het Witte Huis. Daar kwam hij op 4 maart 1857 inderdaad terecht, na een ruime overwinning op zijn Republikeinse tegenstander John Frémont.

In zijn inaugurele rede zei Buchanan dat iedereen het er wel over eens was dat volgens de Grondwet alleen de staten waar slavernij voorkwam, daaraan iets konden doen.

Een onjuiste constatering, want de Republikeinen en een deel van zijn eigen Democratische Partij meenden juist dat de federatie wel degelijk tegen slavernij kon (en moest) optreden. Buchanan sprak de hoop uit dat de lange agitatie over dit onderwerp nu ten einde zou komen.

Zelden is een hoop zo weinig bewaarheid geworden. Door zijn strikt legalistische instelling en zijn wens om de Zuidelijke staten te vriend te houden om daarmee hun dreigende afscheiding af te wenden, kwam Buchanan strijk en zet in het Zuidelijke kamp terecht.

In Kansas woedde felle strijd over de slavernij, zozeer zelfs dat er een tijd lang twee lokale regeringen optraden. Buchanan belandde bij dat gevecht in het kamp van de Zuidelijke extremisten.

Door de meeste Noorderlingen om die houding veracht, werd Buchanan, als zoon van het Noordelijke Pennsylvania, in het Zuiden toch niet echt vertrouwd.

Terwijl het onheil steeds dichter naderde, kwam de president steeds meer in een isolement terecht. Nadat South Carolina zich in de herfst van 1860 als eerste uit de Unie had teruggetrokken, verbood Buchanan het zenden van versterkingen naar het belegerde federale fort Sumter in de haven van Charleston. Dat zou volgens hem onherroepelijk tot het begin van vijandelijkheden en een kettingreactie in de rest van het Zuiden leiden.

Na zijn vertrek uit Washington leefde Buchanan, nu als trouwe aanhanger van de Unie en van Abraham Lincoln, op zijn landgoed Wheatland. Daar stierf hij op 1 juni 1868, 77 jaar oud, aan een longontsteking. Wheatland had hij aan nichtje Harriet vermaakt.

Reus voor wie het front
de enige vakantie was

70

Als president van een land dat in een mensverslindende burgeroorlog (1861-1865) was verwikkeld, moest Abraham Lincoln vaak doodvonnissen bekrachtigen die tegen zijn eigen militairen waren uitgesproken wegens desertie of insubordinatie. Lincoln zocht altijd naar een excuus om dat niet te hoeven doen. Hij was vooral gekant tegen de doodstraf voor lafheid. 'Die arme jongens zouden zich doodschrikken als we hen gingen executeren,' zei hij weleens, en zette hun straf om in levenslang.

Even geestig als humaan, en tekenend voor de grootheid van de man die ook fysiek hoog boven zijn omgeving uittorende. De duur van de Burgeroorlog tussen de Unie en de Confederatie van Zuidelijke staten viel vrijwel tot op de dag samen met de tijd dat Lincoln president was.

Lang heeft 'Honest Abe' niet van de zwaarbevochten overwinning kunnen genieten. Vijf dagen na zijn intocht in de Zuidelijke hoofdstad Richmond – waarmee de oorlog was afgelopen – werd de reus in een theater te Washington door een acteur met Zuidelijke sympathieën vermoord. Lincolns historische opdracht – het bijeenhouden van de Verenigde Staten en de afschaffing van de slavernij – was toen juist volbracht. Het is vrijwel zeker dat zonder Lincoln Amerika in tweeën zou zijn gebroken, met alle gevolgen van dien voor de verdere loop van de wereldgeschiedenis.

Abraham Lincoln werd op 12 februari 1809 geboren in een armzalige hut in Hodgenville, Kentucky op een matras van ge-

droogde maïskolven. Zijn vader, met wie hij het maar matig vinden kon, was timmerman en kleine boer. Zijn moeder, die negen jaar later aan 'de melkziekte' zou sterven, kon niet schrijven. Toen Abe zeven jaar oud was, werd hij van de verdrinkingsdood gered door zijn speelkameraadje Austin Gollaher.

Hoewel Lincolns scholing rudimentair is gebleven, was hij een bijzonder begaafde redenaar. Algauw schreef hij brieven voor anderen. De eerste boeken die Lincoln las, waren *The Pilgrim's Progress* van John Bunyan en *De Fabels* van Aesopus, die hij uit zijn hoofd kon opzeggen. Hij had die boeken gekregen van zijn stiefmoeder Sarah Bush, met wie hij een sterke band ontwikkelde.

Van kindsbeen af manifesteerden zich zijn beste eigenschappen: compassie, tolerantie en de bereidheid om vergissingen over het hoofd te zien. Al was hij zeker geen atheïst, Lincoln is nooit toegetreden tot een bepaald kerkgenootschap.

Als jongeman voer hij de Mississippi af, werkte in een winkel van Sinkel, was landmeter en houder van een postkantoor. Hij zou de gewoonte om brieven onder zijn schoorsteenvegershoed te bewaren, nooit meer opgeven. Korte tijd diende hij in de militie van Illinois, die tegen het indianenopperhoofd Black Hawk ten strijde trok. Lincolns eerste poging (in 1832) om te worden gekozen in het deelstaatparlement van Illinois, liep op niets uit, maar twee jaar later lukte het wel. Hij behoorde tot de Whigs, die later in de Republikeinen zouden opgaan.

In 1837 vestigde hij zich als rondreizend advocaat. Hij was vaak op reis langs het zogenoemde *Circuit*. Eén keer kwam hij danig in opspraak. In strijd met alles waar hij voor stond, had Lincoln in een anonieme brief een lokale politicus belasterd. Het kwam uit wie de afzender was. De beledigde partij wenste een duel, maar dat ging op het laatste moment niet door. Lincoln heeft zich altijd voor die affaire geschaamd.

Volgens zijn stiefmoeder was Lincoln onhandig met meisjes. Na een afgesprongen verloving met een blauwogige brunette die zich te veel aan zijn ruwe omgangsvormen stoorde, trouwde Abraham in 1842 met Mary Todd, geboren in een Zuidelijke familie. Zij had kuren en een gat in haar hand, en ging zich na de dood van twee van hun kinderen steeds excentrieker gedragen.

In 1846 veroverde Lincoln een zetel in het Huis van Afgevaardigden in Washington. Daar sprak hij zich uit tegen de oorlog met Mexico (1846-1848) en tegen de slavernij, zij het dat hij aanvankelijk meende dat de Grondwet geen aanknopingspunt bood voor een actieve bestrijding van het fenomeen in de deelstaten. Als advocaat was hij zelfs eens voor een slavenhouder opgekomen.

Het is een misverstand te denken dat Lincoln van meet af aan de onmiddellijke vrijlating van alle slaven, waar zij zich ook bevonden, heeft voorgestaan. Dat hij tegen de slavernij ageerde, wil evenmin zeggen dat hij zwarten als zijn gelijken beschouwde. Hij was ervan overtuigd dat 'de Constitutie nooit kon hebben bedoeld dat blank en zwart gelijk zijn'. De rechter David Davis, met wie Lincoln nauw heeft samengewerkt, vond 'dat de heer Lincoln absoluut geen sociaal mens was en geen sterke emotionele gevoelens koesterde voor iemand in het bijzonder of voor de mensheid in haar geheel'.

Nadat hij had meegeholpen met de oprichting van de Republikeinse Partij voerde Lincoln in de zomer van 1858 strijd tegen de Democraat Stephen Douglas. Zij voerden een serie van zeven bekend geworden openbare debatten. De inzet was een Senaatszetel voor Illinois. Hun voornaamste geschilpunt was de slavernij. De Republikeinen wilden van de slavernij af, de Democraten vonden dat je dat besluit aan de bevolking van de deelstaten moest overlaten. Als metafoor voor de dreigende scheuring van Amerika haalde Lincoln een bijbeltekst (Marcus 3:25) aan: 'Als een huis innerlijk verdeeld is, zal dat huis niet kunnen bestaan.' Douglas won de strijd. 'Het is een uitglijdertje, maar geen val,' zei Lincoln, en dat was goed gezien.

De dreiging van een burgeroorlog tussen het Noorden en het Zuiden werd inmiddels met de dag groter. Op 6 november 1860 won Lincoln met grote meerderheid de strijd om het presidentschap. Douglas was weer zijn tegenstander geweest. Vier jaar later zou hij moeiteloos worden herkozen. In de Zuidelijke staten veroverde Lincoln in 1860 geen enkele kiesman. In zijn oude huis in Springfield had de *president-elect* zelf de hutkoffers van zolder gehaald en voorzien van het opschrift: 'A. Lincoln, The White House, Washington D.C.'.

Eenmaal in het Witte Huis moest de nieuwe president veel tijd besteden aan de eindeloze stroom bezoekers die om een baantje of andere gunst kwamen vragen. De traditie wilde dat iedereen zich kon aandienen, om dan persoonlijk door de president zelf te woord te worden gestaan. De Burgeroorlog, die vlak na Lincolns ambtsaanvaarding in april 1861 was begonnen, nadat elf Zuidelijke staten zich hadden afgescheiden, verliep de meeste tijd ongunstig voor de Unie. Zelfs de stad Washington werd vaak bedreigd door de Zuidelijken. Nadat Lincoln de eeuwig talmende generaal George McClellan, die hem dikwijls schoffeerde, had ontslagen, nam hij zelf het opperbevel op zich. McClellan, de bevelvoerder over het leger van de Potomac, was een Democraat. Onder zijn officieren ritselde het van de Democraten. De president kon niet echt op hen rekenen.

Terwijl zijn land in doodsnood verkeerde, werd de president getroffen door een persoonlijke tragedie. Op 5 februari 1862 gaven de president en zijn vrouw Mary de grootste partij die ooit in het Witte Huis was gegeven. Hun zoontje Willie (12) was toen al ernstig ziek. Om beurten slopen zijn ouders tijdens de receptie naar boven om bij hem te zijn. De volgende weken zat Lincoln, nacht in nacht uit, aan het ziekbed van zijn zoontje. Het mocht niet baten. Op 20 februari 1862 overleed de jongen aan tyfus.

Het belangrijkste oogmerk van Lincoln bij de Burgeroorlog was steeds het bijeenhouden van de Unie, en dus niet in de eerste plaats de afschaffing van de slavernij. Zwarte soldaten wilde hij niet in zijn legers opnemen. Op 14 augustus 1862 ontbood Lincoln een delegatie van zwarten op het Witte Huis en sprak: 'U en wij zijn verschillende rassen. Tussen ons gaapt een grotere kloof dan tussen welke twee andere rassen ook. Het is daarom maar beter dat wij gescheiden worden.' De president adviseerde zijn bezoekers om zich in een Midden-Amerikaans land te vestigen. David Herbert Donald, een van de vele biografen van Lincoln, merkt op dat dit de eerste keer was dat een Afro-Amerikaanse delegatie in de ambtswoning van de president werd ontvangen.

Lincoln was populair bij de soldaten. Als die over een misstand klaagden, zeiden ze: 'Als hij het te weten komt, zal het ophouden.' Voor zijn salaris van 25.000 dollar per jaar moest Lincoln welhaast wonderen verrichten. Zijn veelvuldige bezoeken aan het front vormden, zo zei hij zelf, 'zijn enige vakantie'.

Hij was diep begaan met de honderdduizenden soldaten uit

beide kampen die sneuvelden of zwaargewond raakten. Lincoln bleef altijd verzoeningsgezind tegenover het Zuiden. Ook toen hij bij de Emancipatie Proclamatie van 1 januari 1863 uiteindelijk goeddeels een eind had gemaakt aan de slavernij.

Zijn welsprekendheid vermocht vaak meer dan zijn legers bereikten. Grote bekendheid kreeg de toespraak (van maar 272 woorden) die Lincoln op 19 november 1863 op het ereveld van Gettysburg hield. Daar had in juli van dat jaar een belangrijke slag gewoed die de soldaten van de Unie een duur bevochten overwinning had gebracht. Lincoln, die niet eens de belangrijkste spreker was, zei tot slot te hopen 'dat een regering van het volk, door het volk en voor het volk, nooit van de aardbodem zal verdwijnen'. Eerder had Lincoln mensen in het publiek wijsgemaakt dat hij helemaal niet zou spreken. 'Een echte paskwil van Lincoln,' merkte de Nederlandse ambassadeur daarover op.

Op 9 april 1865 gaf het Zuiden zich definitief over.

Vijf dagen later bezocht de president samen met zijn vrouw Mary en enkele vrienden de toneelvoorstelling *An American Cousin* in het Ford Theater in Washington. De president die zich eindelijk weer eens kon ontspannen, genoot met volle teugen van dit blijspel. Aan het begin van het derde bedrijf klonken schoten in zijn eigen loge. Buiten bewustzijn werd Lincoln het Petersen House binnengedragen, een logement tegenover het theater. Zijn armen en benen waren te groot voor het bed waarop hij werd neergelegd. De volgende ochtend, op 15 april, vond Lincoln, 56 jaar oud, om 7.22 uur eeuwige rust en onsterfelijkheid.

De dader – de gevierde toneelspeler John Wilkes Booth die het niet kon verkroppen dat met de ondergang van het Zuiden alles wat hem lief was ten gronde zou gaan – werd pas op 26 april op een boerderij in het noorden van Virginia neergeschoten.

De president die niet kon spellen

De nacht van 14 april 1865 in Washington was vol van nevel en ruiste van feestgedruis wegens de overwinning van het Noorden in de Burgeroorlog. Vicepresident Andrew Johnson had de uitnodiging van een vriend afgeslagen om een toneelstuk in het Ford Theater te bezoeken. President Abraham Lincoln was daar wel aanwezig. Johnson, die net ziek was geweest, las een paar bladzijden en was toen naar bed gegaan. Om elf uur die avond bonsde een vriend die wel naar het theater was geweest, keihard op de deur en schreeuwde dat de president door een moordenaar was geveld en naar een naburige woning gebracht.

Acht uur later was Lincoln dood. Diezelfde morgen werd Johnson als president ingezworen. Het was de bedoeling geweest ook hem om te brengen, maar de man die dat had moeten doen, was de moed in de schoenen gezonken.

Johnson, een Zuiderling, heeft er veel aan gedaan om de hervormingen die zijn edelmoedige voorganger had doorgevoerd, waar mogelijk terug te draaien, of in elk geval zo beperkt mogelijk uit te leggen. Dat gold in het bijzonder voor zijn benadering van de zwarte Amerikaan. Net als Lincoln vond hij dat deze niet op hetzelfde niveau stond als de blanke. Lincoln vond echter dat de negers wel dezelfde rechten moesten krijgen, Johnson niet.

Andrew Johnson werd op 29 december 1808 geboren in de achtertuin van een herberg in Raleigh, North Carolina. Toen hij veertien jaar oud was, deed zijn moeder hem en zijn oudere broer in dienst bij kleermaker James Selby. Drie jaar later begon

Andrew een eigen kleermakerij in Greenville, Tennessee.

Johnson heeft zijn hele jeugd geen dag normaal schoolon-
derwijs genoten. Dat betekende onder meer dat hij altijd beroerd
is blijven spellen. Zelfs zijn naam schreef hij soms verkeerd.
Toen hij ook als Senator nog wel in de fout ging, zei Johnson:
'Het zijn wel bijzonder fantasieloze mensen die hun naam maar
op één manier weten te spellen.' Eliza McCardle, die pas zestien was toen ze in 1827 met Johnson trouwde, had een betere
opleiding genoten. Zij is haar man altijd blijven bijspijkeren.

Andrew Johnson had een tanige huid, een hoog voorhoofd,
borstelige wenkbrauwen, een grote neus en een stevige deuk in
zijn kin. Hij schonk veel aandacht aan zijn kleding, ook lang
nadat hij het kleermakersvak vaarwel had gezegd. Johnson,

zelf van nederige afkomst, moest niets hebben van de verheven kaste van de plantagehouders en als president meed hij later de *high society* van Washington zo veel mogelijk.

Via het deelstaatparlement van Tennessee, waar hij van 1853 tot 1857 en van 1862 tot 1864 zou terugkeren als gouverneur, werd Johnson voor de Democraten in het Huis van Afgevaardigden gekozen (1843-1853). Daarna volgde het Senatorschap (1857-1862). In 1875, zes jaar na zijn terugtreden als president (1865-1869), vierde Johnson kortstondig zijn rentree in de Senaat. Daar was Johnson de belangrijkste voorvechter van de Homestead Act (1862), die voorzag in de gratis uitgifte van land aan kolonisten, met de verplichting het te ontginnen.

Zelf slavenhouder (van de slaven Dolly en Sam) betoogde Johnson dat het bij elkaar houden van de Unie nodig was om de slavernij te laten voortbestaan, omdat het Zuiden zich in zijn eentje minder goed zou kunnen redden. Op 13 mei 1865 beval de rebellerende generaal Kirby Smith zijn troepen ten westen van de Mississippi om zich over te geven. Daarmee was aan het laatste georganiseerde Zuidelijke verzet een einde gekomen.

De hoofdtaak voor de president was nu de beide delen van het land weer aan elkaar te hechten. Voor de Zuidelijke staten brak het tijdperk van de *Reconstruction* aan, waarin de zuidelijke staten met enige bestuurlijke dwang werden teruggeleid in de schoot van de unie. De problemen lagen hoog opgetast. Zo moesten de Zuiderlingen weer een vertegenwoordiging in het Congres krijgen en was allesbehalve zeker welk lot de Zuidelijke top wachtte: dat van verraders of van verloren zonen? Er waren allerlei eigendomskwesties te regelen, en wat moest er met de schulden van de Confederatie gebeuren? De federale regering moest zich weer laten gelden in het Zuiden.

Het was een tijd van verwarring, maar ook van grote creatieve mogelijkheden, schreef James Sefton, een van Andrew Johnsons biografen. De president en het Congres raakten algauw verwikkeld in een bittere strijd over de manier waarop het herstel zijn beslag moest krijgen. Veel Republikeinen vonden dat de Burgeroorlog het federale systeem voorgoed had veranderd, terwijl Johnson zoveel mogelijk uit was op een terugkeer naar de orde van vóór de oorlog.

In de lente van 1866 nam het Congres een Civil Rights Bill aan, die bepaalde dat alle mensen geboren of genaturaliseerd in de Verenigde Staten, Amerikaanse burgers zijn. Op de Indianen na, die geen belasting betaalden, kregen alle burgers dezelfde rechten. Maar de president sprak zijn veto uit over de wet. Een volwaardig staatsburgerschap voor leden van het zwarte ras, zo spoedig na het afschaffen van de slavernij, was hem een gruwel. Bovendien maakte hij er bezwaar tegen dat de deelstaten niet langer zelf konden bepalen wanneer discriminatie juist sociaal gewenst was, zoals bij een verbod op interraciale huwelijken.

Een jaar later was het voltage tussen de uitvoerende en wetgevende macht nog verder opgelopen. Het Congres wilde een agentschap om de Reconstructie aan te pakken, een denkbeeld waar Johnson ook van gruwde. Het conflict liep zo hoog op dat voor het eerst de afzettingsprocedure (*impeachment)* tegen een zittende president in werking werd gesteld. Het Congres fungeert dan als een soort rechtbank met betrekking tot al dan niet vermeende ambtsmisdrijven door de president. Johnson hield zich manmoedig onder deze extreme druk. In de Senaat kreeg hij uiteindelijk de steun van 19 leden, 35 stemden tegen hem. Net een stem te weinig om te worden veroordeeld en afgezet.

Toen zijn ambtstermijn er in 1869 op zat, keerde Johnson terug naar zijn geliefde Oost-Tennessee. Hij verlangde sterk terug naar zijn tijd als Senator, veel meer dan naar die als president. In 1875 lukte het hem in de Senaat te worden herkozen. Johnson reisde naar Washington en nam weer zijn intrek in het Willards Hotel. In de Senaat was zijn lessenaar met bloemen versierd.

Tijdens het zomerreces maakte hij een treinreisje om zijn kleinkinderen op te zoeken. Tijdens het spelen met zijn kleindochter Lillie kreeg hij een hartaanval. In de kleine uurtjes van 31 juli 1875 stierf Andrew Johnson, 66 jaar oud, in het huis van zijn dochter in Carter Station.

Odyssee van oorlogsheld tot president

De komst van Ulysses Grant naar Washington in de lente van 1864 wordt wel de succesvolste intocht uit de Amerikaanse politieke geschiedenis genoemd. Na een reeks overwinningen in de Burgeroorlog benoemde president Abraham Lincoln hem in de hoofdstad tot luitenant-generaal. George Washington had tot dan toe als enige deze titel mogen voeren. Grant werd ook meteen chef-staf van de Noordelijke strijdkrachten omdat hij de republiek voor de ondergang kon behoeden, al ging dat ten koste van de levens van tienduizenden van zijn soldaten.

Volgens een van zijn biografen waren zijn zelfbeheersing en standvastigheid Grants grote talenten. Hij raakte nooit in paniek en kon elke onvoorziene situatie aan, ook als het ging om eigen blunders. Zijn overwinning bij Vicksburg, Mississippi in juli 1863 maakte hem tot een held. Bijna twee jaar later, op 9 april 1865, gaf Robert E. Lee, de belangrijkste generaal van het Zuiden, zich bij het dorp Appomattox in Virginia over aan Grant.

Een militaire carrière is altijd al een goede opstap naar het presidentschap geweest, zeker met een loopbaan zo glanzend als die van Grant of later die van Dwight – 'Ike' – Eisenhower, president van 1953 tot 1961. Op 4 maart 1869 werd de Republikein Grant ingezworen als president. In zijn dagboek schreef hij dat hij niet van het gebulder van kanonnen hield en het presidentiële eresaluut van 22 schoten niet kon waarderen.

Als generaal was Grant een stevige drinker in de godverlaten

kampementen van de Burgeroorlog. Maar hij was zich ervan bewust dat de politiek in tijden van oorlog gewoon doorgaat. 'Die intocht in Washington deed hij helemaal goed,' schrijft zijn biograaf William McFeely. 'Grant stopte bij het Witte Huis, legde een bezoek af bij de president en vestigde bij iedereen de indruk dat het vanzelfsprekend zou zijn als hij daar zelf later zijn intrek zou nemen.' Door die intocht bevestigde Grant zijn militaire gezag en maakte hij naam als publieke persoonlijkheid. Zijn afbeelding sierde patriottische posters en de mensen lazen over zijn veldslagen in Tennessee en Mississippi.

Soms is meevechten in een oorlog een uitkomst voor de loopbaan van een man, of zelfs een laatste kans, want in de burgermaatschappij was Grant een faliekante mislukking gebleken. In 1854 was hij boer in de buurt van St. Louis geworden, maar hij redde het niet. Ook als makelaar in de stad kon hij het hoofd niet boven water houden. Het lukte hem niet het geld te innen van de huurders en hij kwam geregeld te laat op zijn werk. De baan die hij ambieerde – hoofd publieke werken van zijn kiesdistrict – ging naar een Nederlandse immigrant. In 1860 verhuisde Grant naar Galena in Illinois, waar hij de boekhouding deed in de lederwarenzaak van zijn vader.

In het licht van deze fiasco's en van zijn latere successen als militair, is het opmerkelijk dat Grant zichzelf in zijn memoires (die hem uit de schulden moesten helpen) meer boer dan soldaat noemt. 'Ik trok nooit zonder spijt ten strijde en ik keerde nooit zonder vreugde terug.'

Hiram Ulysses Grant zag op 27 april 1822 het levenslicht in een tweekamerwoning in Point Pleasant aan de rivier de Ohio. Tot een maand na zijn geboorte bleef hij naamloos.

Grant kon bijzonder makkelijk met paarden omgaan. In 1844 mende hij een tweespan over een brug die onder water stond. Zijn tegensputterende vriendin Julia Dent riep: 'Wat er ook gebeurt, ik klamp me aan jou vast.' Toen ze de gevaarlijke plek heelhuids waren overgestoken, vroeg Grant: 'Wat zou je ervan denken om je voor de rest van je leven aan mij vast te klampen?' Vier jaar later trouwden ze in St. Louis.

Grant bezat zachte blauwe ogen, dunne lippen en lange, delicate handen. Op zijn veldtochten zorgde hij ervoor dat zijn adjudanten hem nooit naakt zagen. Jagen op dieren vervulde hem met walging. Door dit alles hield een van zijn biografen, W.E. Woodward, Grant zelfs voor een halve vrouw. Hij stelde zich bescheiden op, gebruikte zelden grove taal en haatte smerige grappen. Ogenschijnlijk geen man om de Burgeroorlog mee te winnen.

Toch was hij dat wel degelijk. Nadat Grant met de grootste moeite toetrad tot het leger, stegen zijn rang en faam snel. In februari 1862 realiseerde Grant met de verovering van Fort Donelson in de staat Tennessee de eerste grote militaire zege van de Noordelijken. Hij eiste de onvoorwaardelijke overgave van zijn tegenstander, generaal Simon Buckner, en kreeg daardoor de bijnaam: *Unconditional Surrender Grant* (Grant van de Onvoorwaardelijke Overgave).

Tijdens zijn presidentschap van acht jaar was de *Reconstruction* (herinrichting) van het Zuiden de belangrijkste kwestie. Hoewel niet altijd even vasthoudend, was de president pleitbezorger van een beter lot voor de zwarte bevolking.

Hoewel Grants persoonlijke onkreukbaarheid nooit in het geding was, deden zich onder zijn bewind vijf grote schandalen voor. Verder kwam het met Londen tot een verdrag over de Amerikaanse schadeclaims voor Britse steun aan het Zuiden.

Toen Grant in 1877 uit het Witte Huis vertrok, begonnen turbulente tijden. Met zijn vrouw Julia maakte hij een aantal wereldreizen, maar in 1884 was Grant bijna bankroet door zijn steun aan een geldverslindend project van zijn zoon. Diezelfde lente openbaarde zich bij hem een bijzonder pijnlijke vorm van keelkanker. Op 23 juli 1885 stierf hij, 63 jaar oud, in Mount McGregor, New York. Zijn laatste woord luidde: 'Water.'

Geheelonthouder met socialistische trekjes

84 Er is weinig nieuws onder de zon. Op 8 november 1876, daags na de presidentsverkiezingen, stuurde een medewerker van de Republikeinse kandidaat Rutherford Hayes, de gouverneur van Ohio, het volgende telegram naar een bevriende Senator in Florida: 'De uitslag van de presidentsverkiezingen hangt af van de resultaten in Florida. De Democraten zullen zeker proberen ons de zege te ontfutselen. Hayes is verslagen zonder Florida. Laat je niet bedotten bij het tellen der stemmen.' 124 jaar later liep bij de strijd tussen George W. Bush en Al Gore de telling in Florida helemaal vast.

Over de uitslag anno 1876 in Florida (en in Louisiana, South Carolina en Oregon) ontstond een verbeten strijd met de Democratische kandidaat, Samuel J. Tilden, die naam had gemaakt als gouverneur van New York. Na drie maanden van verhit touwtrekken, wees een door het Huis van Afgevaardigden benoemde commissie, vlak voor de inauguratie, Rutherford Hayes als winnaar aan, en dus als president.

Toen de Democraten twee jaar later de meerderheid in het Congres veroverden, begonnen ze terstond met een onderzoek naar de vermeende onregelmatigheden in de presidentiële campagne van Hayes. Dat hadden ze beter niet kunnen doen, want uit een reeks boven water gekomen codetelegrammen bleek dat juist de vrienden van Tilden op grote schaal hadden geknoeid.

Rutherford Hayes, die zijn vader nooit heeft gekend, werd op 4 oktober 1822 geboren in het ruime huis van zijn familie in

Delaware, Ohio. De jonge Hayes werd door zijn moeder Sophia en zijn ongetrouwde oom Sardis Birchard opgevoed. Van zijn oudere zuster Fanny hield Hayes zo veel dat hij pas na haar vroege dood – ze was toen 36 – zijn echtgenote Lucy duidelijk maakte dat zij vanaf dat moment de belangrijkste vrouw in zijn leven zou zijn.

De breedgeschouderde Hayes had een robuust postuur, een hoog voorhoofd en kastanjebruin haar, dat op zijn oude dag sneeuwwit werd. Sinds de Burgeroorlog droeg hij een lange baard. Hayes was bescheiden en vriendelijk van aard. Humaan ook, zoals bleek uit zijn houding ten aanzien van de indianen en de negers. Onder druk van zijn vrouw (ook wel *Lemonade Lucy* genoemd) werd Hayes geheelonthouder. Tijdens zijn jaren in het Witte Huis werden sapjes geschonken, al maakte de president om de goede betrekkingen met Rusland niet in gevaar te brengen een uitzondering toen de zoon van de tsaar op bezoek was.

Net als voor zijn voorganger Ulysses S. Grant gold voor Hayes dat zijn vier jaren als militair in de Burgeroorlog (1861-1865) 'de beste van zijn leven' waren. 'Deze campagnes in de westelijke heuvels van Virginia zullen altijd tot mijn prettigste herinneringen blijven behoren,' schreef hij aan Lucy.

Uitzonderlijk moedig, zonder daar overigens prat op te gaan, bracht Hayes het tot generaal-majoor. Hij raakte vijf keer gewond en zijn paard werd herhaaldelijk onder hem vandaan geschoten. Op zekere dag lag hij met zware verwondingen enkele uren tussen de linies in, en voerde een lang en 'lang niet onplezierig' gesprek met een Zuidelijke soldaat die eveneens was geveld. Toch was er ook persoonlijke rampspoed. In 1863 stierf zijn zoontje Joseph, dat ziek was geworden toen hij met zijn moeder in het kampement van zijn vader op bezoek kwam.

Ook voor Hayes bestond er een directe band tussen zijn krijgshandelingen en het presidentschap. In 1876 steunden twee beroemde Noordelijke generaals, William T. Sherman en Philip Sheridan, hun wapenbroeder Hayes – die in de tussentijd driemaal een uitstekend gouverneur van Ohio was geweest – voor het presidentschap.

Eenmaal in het Witte Huis beijverde Hayes zich voor de professionalisering van het ambtenarenapparaat. Dat bestond tot dan toe voor een groot deel uit de cliëntèle van Congresleden. Zo werd het ambtenaren verboden om donaties voor politieke campagnes te doen.

De federale troepen werden uit het Zuiden teruggetrokken. Met wisselend succes vocht de president daarna voor de mogelijkheid om de soldaten terug te sturen als de zwarte bevolking te zeer zou worden gefnuikt in het uitoefenen van het juist verworven kiesrecht.

Hayes propageerde financiële steun aan de openbare scholen door de deelstaten, en zo nodig door de federale regering. 'Zestig jaar later,' schrijft zijn biograaf Harry Barnard, 'zou een dergelijk streven aanleiding hebben gegeven tot de beschuldiging van socialisme.' Hayes had meer 'socialistische trekjes'. 'Wij zien steeds vaker een regering van de rijken, voor de rijken en door de rijken,' zei hij vlak voor zijn dood, de beroemde uitspraak van Abraham Lincoln parafraserend.

Toen het Congres op aandrang van de westelijke staten een wetsontwerp had aangenomen dat, in strijd met verdragsverplichtingen, de influx van Chinezen vrijwel verbood, sprak Hayes daarover zijn veto uit. Zijn minister van Buitenlandse Zaken, William Evarts, kreeg opdracht met China tot een nieuw verdrag te komen dat de toevloed van nieuwe Chinezen beperkte zonder die tot vrijwel nul te reduceren.

Toen de Franse belangen in het Panamakanaal – immers 'gegraven' door Ferdinand de Lesseps – dreigden te gaan prevaleren, greep Hayes in. Hij schreef het Congres dat de Verenigde Staten nooit zouden instemmen met het overlaten van de zeggenschap over het Kanaal aan een Europese mogendheid.

In de lente van 1881, als privéburger terug in Ohio, begon voor Hayes nog een vruchtbare periode. Maar de dood van Lucy (1889) greep hem zeer aan. Op zondag 8 januari 1893 reed hij per slee – er viel sneeuw op zijn sneeuwwitte baard – naar haar graf. 'Ik verlangde ernaar om rustig naast haar te liggen,' schreef hij die avond in zijn dagboek.

Die wens ging spoedig in vervulling. Op 17 januari stierf Rutherford Hayes, zeventig jaar oud, in zijn landhuis Spiegel Grove. Ook toen sneeuwde het.

Vermoord na vier maanden in het ambt

Op 18 juni 1881 stond Charles Guiteau met een geladen pistool president James Garfield en zijn vrouw Lucretia op te wachten in het Baltimore and Potomac-spoorwegstation in Washington. De Garfields waren op weg naar hun zomerhuis aan de kust van New Jersey.

Guiteau, die zich eerder met een zakenpartner had toegelegd op het zoeken naar nieuwe seksuele technieken en op de verbetering van de stalen trap, was een mislukte fantast. Hij was van mening dat Garfield hem het gezantschap in Wenen schuldig was als dank voor bewezen diensten tijdens de verkiezingscampagne van de vorige herfst. Die benoeming bleef maar uit.

Naast moorddadig was Guiteau ook teerhartig. Toen de vrouw van de president, zo frêle, arm in arm met de president kwam aanlopen, kon hij het niet over zijn hart verkrijgen om de trekker over te halen, vertelde hij tijdens zijn proces.

Op 2 juli 1881, twee weken later, maakte Garfield, nu zonder Lucretia, weer gebruik van het station. Ditmaal kende Guiteau geen genade. De president, die pas vier maanden eerder het Witte Huis had betrokken, zou nog tachtig dagen tussen leven en dood zweven. De kogel, die in zijn vlees was gedrongen, werd nooit gevonden. Wondkoorts had een verwoestende uitwerking. Minister van Oorlog Robert Todd Lincoln – en hij niet alleen – moest terugdenken aan die avond ruim zestien jaar eerder, toen zijn vader Abraham in het Ford-theater werd vermoord.

James Garfield werd op 19 november 1831 geboren in een

blokhut die door zijn vader was gebouwd in Orange, in het Cuyahoga-district, ten zuidwesten van Cleveland, Ohio. Zijn armelijke jeugd – hij was 19 jaar toen hij voor het eerst een piano hoorde en 23 toen hij zijn eerste banaan at – maakte dat hij zich zijn leven lang onzeker zou voelen in het gezelschap van mensen die zich konden wentelen in hun geld. Zijn latere presidentschap, hoe kortstondig ook, bleek een financiële last.

Garfield was een knappe, gespierde man met een hoog voorhoofd en een neus als de snavel van een adelaar. Vanaf zijn vroege jeugd droeg hij een baard. Hij was linkshandig. Garfield stond te boek als een bijna altijd goedgeluimde, plezierige man met grote oratorische kwaliteiten. Hij was ambitieus, maar hij drong zichzelf niet op. Hij verafschuwde 'de man die steeds maar op zijn eigen hoorn blaast'. Garfield had een goed besef van de complexiteit der dingen, maar had, omdat hij al snel de vele kanten van een zaak zag, soms moeite om tot een besluit te komen.

Al had hij nooit leren zwemmen, Garfield hield veel van het water. Op zijn zestiende liep hij van huis weg om aan te monsteren op het binnenschip de *Evening Star*. In zes weken tijd viel hij veertien keer overboord. Later, tijdens de Burgeroorlog, gaf Garfield als commandant van zijn geliefde 42ste regiment van Ohio, eens puur voor zijn eigen plezier bevel tot het maken van een nachtelijke kanotocht op een wilde stroom.

In de Burgeroorlog bracht hij het tot brigade-generaal. Soms vielen zijn verantwoordelijkheden hem zwaar. 'Een edelmoedige jongeman uit het district Medina is twee dagen geleden gesneuveld. Ik had hem hoogstpersoonlijk bij het regiment gehaald. Dat was me pas gelukt na twee uur inpraten op zijn vader. Die vond hem veel te jong. Die jongen was zijn enige kind. Ik ga liever vechten dan die vader onder ogen te moeten komen,' schreef hij Lucretia.

In de herfst van 1862 werd Garfield voor de Republikeinen in het Huis van Afgevaardigden gekozen, waar hij pas een jaar later, nog in uniform, zijn intrede deed. 'In dat kunstig aangelegde menselijke slachthuis', zoals hij het noemde, zou hij zeventien jaar verkeren. Garfield, die een veel strengere houding tegenover het rebellerende Zuiden voorstond dan Abraham Lincoln, had aanvankelijk geen hoge pet op van de president. Hij zag het als de voornaamste taak van de overheid om de vrede te bewaren, en verder niet tussen de zon en de bevolking in te staan.

Maar Garfield was lang niet altijd consequent in zijn opvattingen, en zonder twijfel opportunistisch. Zo was hij een voorstander van hoge importtarieven op staal, dat daardoor moeilijker kon concurreren met het staal dat in zijn eigen district werd gefabriceerd. Daarentegen bepleitte hij lage rechten voor kolen, essentieel voor het maken van staal, omdat die in het negentiende district van Ohio juist niet werden gewonnen.

Bij de Republikeinse Conventie in juni 1880 wilde oud-president Ulysses Grant zich kandidaat stellen voor een derde termijn. Dat was nog nooit vertoond en werd door de partijbaronnen verhinderd. Uiteindelijk werd Garfield de compromiskandidaat. Bij de presidentsverkiezingen dat najaar won hij met een minieme meerderheid van ruim zevenduizend stemmen de *popular vote* van de Democraat Winfield Hancock. In het kiescollege – en dat is het enige wat telt – was zijn overwinning echter royaal, met 214 tegen 155 stemmen.

Op 4 maart 1881 werd het inaugurele bal gehouden in het gebouw van het huidige Smithsonian Institute in Washington. Daar was een groot vrijheidsbeeld van gips neergezet. Garfields biograaf Allan Peskin schrijft dat er zeven zwarten waren uitgenodigd. Toen twee van hen het waagden ook een dansje te maken, verlieten alle andere dansende paren verontwaardigd de vloer. Tegen de achtergrond van het Vrijheidsbeeld had het zwarte paar de zaal helemaal voor zichzelf.

Eenmaal door moordenaarshand getroffen, werd hij per speciale trein naar zijn buitenhuis in Eberon gebracht. Daar stierf James Garfield, 49 jaar oud, op 19 september 1881. Zijn laatste woorden waren gericht tot zijn dokter David Swaim: 'Swaim, kun je dit niet doen ophouden?'

Douanier en begenadigd entertainer

Het enige wat telt in het leven van een vicepresident, is het leven van de president.

Na een boottocht in New York op 2 juli 1881 kregen vicepresident Chester A. Arthur en de Republikeinse partijbaron Roscoe Conkling te horen dat president James Garfield die dag was neergeschoten. Garfield leefde nog ruim twee maanden, maar op 19 september 1881 bezweek hij aan zijn verwondingen. Om half twaalf in de avond kwam een bode Arthur het nieuws brengen. Nog diezelfde nacht legde Arthur de presidentiële eed af in zijn huis aan de statige Lexington Avenue in New York. Twee dagen later deed hij het opnieuw, ditmaal in Washington.

Met Arthur was de presidentiële lijn van opvolgers uitgeput, want zowel de Senaat als het Huis van Afgevaardigden zat nog zonder voorzitter. Mocht ook Arthur sterven, dan zou zich een constitutionele crisis voordoen. Om die catastrofe voor te zijn, riep Arthur de Senaat onmiddellijk in bijzondere zitting bijeen. Hij was de vierde vervanger die na de dood van de president het roer moest overnemen.

Chester Arthur werd 5 oktober 1829 geboren in een pastorie in North Fairfield, in de staat Vermont. Dat dorp lag niet meer dan 15 kilometer van de Canadese grens. Politieke tegenstanders suggereerden later dat Arthur in Canada ter wereld was gekomen, waardoor hij volgens de Amerikaanse Grondwet geen president kon worden. De jeugd van Chester was nogal onrustig. Zijn vader was dominee in zeven verschillende gemeenten.

Arthur was in de jaren vijftig van de negentiende eeuw de jongste partner van het New Yorkse advocatenkantoor Culver, Parker & Arthur. In 1855 pleitte Arthur met succes voor een zwarte vrouw die een busmaatschappij in Brooklyn aanklaagde, omdat die haar met geweld had verwijderd uit een bus bestemd voor blanken. Deze rechtszaak leidde tot het wegvallen van de rassenscheiding in het openbaar vervoer van New York.

Tijdens de Burgeroorlog (1861-1865) werkte Arthur mee aan het uitrusten van de New Yorkse regimenten voor de strijd tegen de Zuidelijken. Zijn huwelijk in 1859 met de sopraan Ellen Herndon maakte zijn taak er niet makkelijker op, want zijn vrouw was van Zuidelijke komaf en haar sympathie lag daar. Het leidde tot spanningen op het hoofdkussen.

President Ulysses S. Grant benoemde Arthur in 1871 tot hoofd van de douane in New York. Tweederde van alle Amerikaanse importrechten werd hier geheven. De inkomsten van Arthur gingen die van de president te boven. Het douanekantoor leende zich bij uitstek voor corruptie, want wie zijn vracht wilde klaren, had er vaak veel geld voor over om zijn goederen zonder inspectie of tegen een lager tarief binnen te sluizen.

Of Arthur zich met deze praktijken inliet, is niet duidelijk. Aan het einde van zijn leven liet hij zijn archief verbranden. Het staat wel vast dat hij zijn werknemers dwong een deel van hun inkomen in te leveren bij de louche Republikeinse 'partijmachine' in New York. Door het financieel voeden van die 'machine' nam Arthurs politieke gewicht gestaag toe.

Toen hij, in de herfst van 1881, Garfield in het Witte Huis opvolgde, onderscheidde hij zich meteen door zijn manier van entertainen. In de biografie *Gentleman Boss* vermeldt schrijver Thomas Reeves dat bij een diner voor 54 couverts er 378 glazen op tafel stonden. Een concert door de Fisk Jubilee Singers bracht de president tot tranen. Arthur liet zijn pakken maken bij een dure New Yorkse kleermaker en het gerucht ging dat hij soms wel twintig broeken uit de kast nam voordat hij een beslissing nam. Arthur was een uitstekende verteller en charmant in de omgang. Al had hij zijn buien. Tegen een vrouw die hem het hemd van het lijf vroeg, blafte hij: 'Mevrouw, ik mag dan president van de Verenigde Staten zijn, maar mijn privéleven gaat niemand een donder aan.'

In zijn eerste State of the Union-toespraak kondigde Arthur – eens douanier, altijd douanier – de afschaffing aan van discriminerende invoerrechten op producten uit Nederlands-Indië die via Holland binnenkwamen. Arthurs belangrijkste daad in de binnenlandse politiek was zijn steun voor de hervorming van de ambtenarij (de Wet-Pendleton van 1883). Arthur profiteerde zelf in hoge mate van het oude patronagesysteem, maar wilde daar een einde aan maken, tot woede van zijn oude vrienden en tot vreugde van zijn critici. Hij stemde in met een eerlijke, open en op kwaliteiten gebaseerde nieuwe regeling.

Hij besloot zich als president boven de partijen te plaatsen. Ook omdat hij begon onder een slecht gesternte. De moordenaar van zijn voorganger Garfield riep bij het schieten: 'Nu is Arthur president!' Dat leidde tot de nodige speculaties over betrokkenheid van de vicepresident bij de aanslag. Geleidelijk won Arthur het vertrouwen. De vooraanstaande journalist en uitgever Alexander K. McClure schreef: 'Geen president kon bij zijn aantreden rekenen op zo'n algemeen en diep wantrouwen, maar geen ander was aan het einde van zijn ambtsperiode bij zijn terugtreden zo geliefd.'

Verder begon zijn regering, onder de bekwame leiding van minister van Marine William Chandler, met de bouw van een nieuwe oorlogsvloot. Aan het einde van de Burgeroorlog had Amerika de beschikking gehad over een 'komische vloot', inferieur aan die van de grote Europese landen. Chili was in staat om vanuit zee San Francisco te bedreigen. In 1882 werd de kiel gelegd voor twee stalen kruisers, weliswaar nog voortbewogen door windkracht, als concessie aan de behoudende marinetop.

Arthur kreeg van zijn partij geen tweede termijn. Daar spande hij zich ook weinig voor in. Geplaagd door een ernstige nierziekte zag hij het politieke bedrijf steeds meer als een last. Hij verbood zijn zoon zelfs om de politiek in te gaan. Toch kwam het nog tot een eindsprint op het terrein van de buitenlandse politiek, onder meer door een ontwerpverdrag met Nicaragua en steun voor de Belgische koning in Congo.

Op de vraag wat hij van plan was na zijn aftreden te gaan doen, antwoordde Arthur: 'Een oud-president kan niet veel anders dan zich terugtrekken op het platteland en grote pompoenen kweken.' In werkelijkheid ging hij terug naar zijn oude advocatenkantoor. Maar voor spek en bonen, want zijn ziekte maakte werken onmogelijk.

Op 18 november 1886 stierf Chester Arthur, 57 jaar oud, in zijn huis in New York aan de gevolgen van een hartaanval.

Twee keer president met een termijn rust

In 1886, toen Grover Cleveland 49 jaar was en Frances Folsom 21, vormden zij het enige presidentiële paar dat binnen de muren van het Witte Huis trouwde.

In maart 1889 zat de eerste termijn van president Grover Cleveland erop. Zijn vrouw Frances zei tegen een butler in het Witte Huis: 'Let maar op, wij komen terug.' Die prognose over de terugkeer bleek juist. De Democraat Cleveland is de enige president wiens dubbele ambtstermijn niet één aaneengesloten periode heeft bestreken. Cleveland is dus zowel de 22ste als de 24ste president van de Verenigde Staten geweest.

Weliswaar verwierf Cleveland in 1888 toen hij zijn presidentschap wilde prolongeren, landelijk ongeveer vijfhonderd stemmen meer dan Benjamin Harrison, toch moest hij plaatsmaken voor zijn Republikeinse tegenstander, die de beslissende meerderheid van het kiescollege (233-168) achter zich had gekregen.

Vier jaar later waren de rollen omgekeerd en werd Harrison op zijn beurt door Cleveland uit het Witte Huis verdreven. Cleveland wordt algemeen beschouwd als de meest bekwame en de belangrijkste president in de periode tussen Abraham Lincoln (1861-1865) en Theodore Roosevelt (1901-1909).

Cleveland had een imponerende gestalte. Met zijn 120 kilo was hij de zwaarste president tot dan toe. Met zijn stierennek, dubbele kin en handen als kolenschoppen, kon hij voor een beroepsworstelaar doorgaan. Tijdens zijn tweede termijn als pre-

sident werd hij tot twee keer toe aan een kwaadaardig gezwel in zijn mond geopereerd.

In het persoonlijk verkeer was hij joviaal, in zijn functie gestreng. Cleveland heeft niet zozeer naam gemaakt met wetten van blijvende waarde of met een briljante persoonlijkheid als wel door zijn moed, eerlijkheid en onkreukbaarheid. Al maakte hij, meer dan wie van zijn voorgangers ook, gebruik van zijn vetorecht om wetsontwerpen tegen te houden. Clevelands basisfilosofie luidde dat het Congres de bron was waaruit nieuwe wetgeving moest ontspringen. De president diende activisme te schuwen en zich te beperken tot de uitvoering van die wetten.

Grover Cleveland werd op 18 maart 1837 geboren in de pastorie van de Presbyteriaanse Kerk in Caldwell, New Jersey.

Toen zijn vader, de dominee, in 1853 stierf, was er voor de jonge Grover, vijfde uit een gezin met negen kinderen, geen geld om zijn opleiding voort te zetten.

Hij aanvaardde het aanbod van een oom in Buffalo om bij hem te komen wonen en voor 10 dollar per maand de redactie van het *American Short Horn Handbook* op zich te nemen. Die oom zorgde ervoor dat hij rechten kon studeren en terecht kon op het advocatenkantoor van Rogers, Bowen & Rogers. Cleveland werd in 1859 toegelaten tot de balie. Vechten in de Burgeroorlog, wat voor vele officieren zo'n mooie opstap naar de politiek zou blijken, deed Cleveland niet. Hij kocht zijn dienstplicht voor 150 dollar af bij een Poolse immigrant, die de strijd overleefde.

Ruim tien jaar later kruiste Maria Halpin, een 33-jarige wellustige weduwe, in Buffalo zijn pad. Werkzaam in een warenhuis, onderhield zij contacten met verschillende heren, onder wie de vader van Clevelands latere echtgenote, Frances Folsom. In 1874 baarde Halpin een zoon, die zij Oscar Folsom Cleveland noemde. Naast Folsom en Cleveland was er nog een reeks van potentiële kanshebbers voor het vaderschap. In deze burleske verwarring besloot Cleveland 'omdat alle andere betrokkenen getrouwd waren' het vaderschap op zich te nemen. Hij is het kind financieel altijd blijven steunen.

Toen deze affaire bij zijn gooi naar het presidentschap in 1884 weer de kop opstak, instrueerde Cleveland, die na een burgemeesterschap in Buffalo inmiddels gouverneur van New York was geworden, zijn medewerkers er niet omheen te draaien. Het spotrijm van zijn tegenstanders: *'Ma, ma waar is mijn pa? Naar het Witte Huis ha, ha!'* sorteerde dan ook weinig effect.

Als president betoonde Cleveland zich een overtuigd tegenstander van overheidsinterventie ten behoeve van burgers in nood. Dit bleek bijvoorbeeld uit zijn veto om boeren in Texas die zuchtten onder de grote droogte, een lening voor nieuw zaaigoed te geven. Dat was geen harteloosheid, maar een strikte interpretatie van de Grondwet.

Tijdens de gewelddadige Pullman-staking in 1894 zette Cleveland de federale troepen in om de staking te breken. Een jaar eerder had het faillissement van twee spoorwegmaatschappijen de 'Grote Paniek' veroorzaakt. Daarmee werd een periode van depressie en arbeidsonrust ingeluid.

Cleveland meende dat de Sherman Silver Purchase Act (1890), die onder Benjamin Harrison was aangenomen, een gevaar voor de economie betekende. Goud en niet zilver diende het edelmetaal te zijn dat de geldhuishouding schraagde. Hoewel Cleveland daarmee het populistische deel van zijn partij in de gordijnen joeg, wist hij het Congres ertoe te brengen om de Sherman Silver Purchase Act in te trekken.

Cleveland was een voorvechter van lagere tarieven – die eeuwige twistappel. Hij noemde de hoge tariefmuren afpersing en verraad aan de Amerikaanse filosofie van *fair play*. De Republikeinen werden niet moe te benadrukken hoezeer hoge importtarieven de eigen industrie beschermden.

Als voorbeeld van Clevelands *fairness* wordt vaak zijn benadering van de gebeurtenissen op Hawaï genoemd. In januari 1893 hadden Amerikaanse planters met behulp van de mariniers koningin Liliuokalani van Hawaï afgezet. Toen Cleveland kort daarna weer president was geworden, beval hij de koningin weer op de troon te plaatsen (een order die overigens werd genegeerd).

Twee jaar later bemoeide Cleveland zich persoonlijk met een grensgeschil tussen Venezuela en de Britse kolonie Guyana. Zijn opzet was om de Britten tot arbitrage te dwingen.

Na zijn definitieve vertrek uit Washington in 1897 keerde Cleveland terug naar New Jersey, de staat waar hij was geboren. Hij doceerde aan de Princeton University, schreef artikelen voor *The Saturday Evening Post* en werd voor 25.000 dollar per jaar voorzitter van de Vereniging van Levensverzekeraars. Op 24 juni 1908 stierf hij in zijn huis in Princeton aan een hartaanval. Hij was 71 jaar oud. Zijn laatste woorden waren: 'Ik heb alles geprobeerd om het goed te doen.'

Liever een goed ontbijt
dan een gevecht

Benjamin Harrison was een jochie van zeven jaar toen zijn grootvader, William Henry Harrison, in 1841 president van de Verenigde Staten werd. En 48 jaar later trad Benjamin in de voetsporen van opa. Na vader en zoon John en John Quincy Adams had Amerika met de Harrisons weer twee familieleden in de rechte lijn die het Witte Huis bewoonden, al ging het dit keer dan om een grootvader en zijn kleinzoon.

Harrison werd op 20 augustus 1833 geboren op de boerderij van zijn grootvader in North Bend, Ohio. Hij had twaalf broers en zusters. Aan zijn weinig prestigieuze universiteit blonk hij uit in het debat. Deze kwaliteit kwam hem goed van pas bij zijn praktijk als pleiter in Indianapolis. Daarheen was hij met zijn vrouw Caroline Scott in 1854 verhuisd. Drie jaar later werd hij er tot stadsadvocaat gekozen.

Harrison was stijfjes en formeel. Hij had het land aan gesprekken over koetjes en kalfjes en geen geduld voor incompetentie van ondergeschikten. De bijnaam 'IJsberg' die een politieke tegenstander hem gaf, is hij nooit meer kwijtgeraakt. Daar stond tegenover dat Harrison buitengewoon intelligent en integer was. Tot aan zijn dood bleef hij een begenadigd spreker. Met zijn lange, rossige baard, zijn stevige torso en zijn korte beentjes was hij een opmerkelijke verschijning.

Als vader van twee jonge kinderen stond Harrison niet te popelen om zich in het gewoel van de Burgeroorlog (1861-1865) te storten. Op aandrang van de gouverneur nam hij toch dienst

in het 70th Indiana Volunteer Infantry Regiment. 'Ik ben noch een Julius Caesar noch een Napoleon, en heb altijd meer zin in een goed ontbijt dan in een gevecht,' schreef hij Caroline.

Toch onderscheidde Harrison zich in de slag bij Resca, Georgia (mei 1864) door dapperheid. Daardoor bracht hij het zelfs tot brigadegeneraal. Harrisons krijgsverrichtingen werden echter vaak onderbroken doordat partijbonzen hem steeds terugriepen naar Indiana om daar voor lokale kandidaten campagne te voeren.

In 1871 verwierf Harrison nationale bekendheid. Voortaan gold hij als toonbeeld van Republikeinse loyaliteit. Wat was het geval? Aangezocht door president Ulysses S. Grant wist de advocaat Harrison in de geruchtmakende zaak Ex Parte Milligan de schade voor de overheid tot 5 dollar te beperken. Het ging om een civiele actie van een burger die door het Hooggerechtshof in het gelijk was gesteld met zijn klacht dat de militaire autoriteiten hem ten onrechte in de gevangenis hadden geworpen.

Met zijn advocatenpraktijk verdiende hij zoveel geld dat Harrison het zich kon veroorloven om de politieke arena te betreden. In 1876 deed hij een gooi naar het gouverneurschap van Indiana, maar verloor. Vijf jaar later werd hij benoemd tot Senator in Washington. Daar behoorde hij nooit tot 'de grote jongens'. Harrison spande zich vooral in voor de toekenning van pensioenen aan individuele oorlogsveteranen. Van wie sommigen, naar later bleek, destijds waren gedeserteerd. Deze activiteiten bezorgden hem de bijnaam *'the soldier's legislator'*. President Grover Cleveland trof deze wetsontwerpen steevast met zijn veto.

In 1888 zochten de Republikeinen naar een kandidaat die het tegen de Democraat Cleveland kon opnemen. Doordat Harrison een van de weinige politici in zijn partij was met schone handen, viel de keuze op hem. Niet dat de campagne die volgde geen smerige kantjes had. Zo vroeg een campagnemedewerker van Harrison, die zich uitgaf voor een Brit, aan Lord Lionel Sackville-West om een stemadvies. Sackville-West antwoordde dat Engeland hoopte op de herverkiezing van Cleveland. De Republikeinen schreeuwden dit stemadvies smalend van de daken. Daardoor wendde de Ierse bevolking van New York zich en masse af van Cleveland, die, zij het op het nippertje, zijn verblijf in het Witte Huis niet kon prolongeren.

Net als bij zijn grootvader had zijn inauguratie plaats in de stromende regen. Harrisons belangrijkste daad als president was dat hij akkoord ging met een excessief hoog importtarief (McKinley Tariff van 1890) ter bescherming van de eigen industrie. Daardoor schoten de prijzen omhoog, en dat was een van de belangrijkste oorzaken dat Cleveland twee jaar later wederom president werd. Dat jaar ondersteunde Harrison ook de Sherman Silver Purchase Act, die de regering verplichtte al het zilver uit Amerikaanse mijnen op te kopen. Dezelfde John Sherman leende zijn naam aan de eerste belangrijke antitrust-wet, een wapen dat Theodore Roosevelt tien jaar later met verve zou hanteren. Harrisons ministerie van Justitie slaagde er niet in om die antikartelwetgeving te doen naleven.

Harrisons echtgenote, Caroline, was intussen druk bezig met de aankleding van het Witte Huis. Het plan van een Californi-sche Senator om het gebouw met colonnades in de vorm van een halve cirkel uit te breiden, was weggestemd. Maar het Congres stelde wel geld beschikbaar voor allerlei vernieuwingen, zoals de aanleg van elektriciteit. Caroline vond het prachtig, maar ze was bang om de schakelaars aan te raken en liet de lichten altijd branden totdat een bediende ze uitdeed.

Caroline stierf in 1892 aan tuberculose tijdens de niet met succes bekroonde herverkiezingscampagne van haar man. Tot ontsteltenis van hun kinderen hertrouwde Harrison drieënhalf jaar later en kreeg hij in 1897 nog een kind. Terug in Indiana leidde hij een actief leven, nam zijn praktijk weer op, steunde Venezuela in een grensgeschil met Engeland over Brits-Guyana en schreef zijn memoires.

Op 13 maart 1901 overleed Benjamin Harrison, 67 jaar oud, in Indianapolis aan de gevolgen van een longontsteking.

Fatale receptie
in Buffalo

Op 6 september 1901, 's middags om vier uur, stond president William McKinley te recipiëren in de Muziektempel op het expositieterrein van Buffalo. Een half jaar eerder was hij, met een ruime meerderheid achter zich, begonnen aan zijn tweede ambtstermijn.

Leon Czolgosz (28), een werkloze staaldraadmaker en anarchist van Poolse afkomst uit Detroit, had zich onder de wachtenden geschaard die de president de hand wilden schudden. Om zijn rechterhand was een bandage gewikkeld die een .32 Iver Johnson verborgen hield.

Op het moment dat McKinley zich naar hem vooroverboog, vuurde Czolgosz tweemaal. Ter aarde neergezegen, zag de zwaargewonde McKinley hoe zijn belager door veiligheidsagenten tegen de grond werd gewerkt. 'Laten ze hem geen kwaad doen,' schreeuwde de president nog. Hij had nog acht dagen te leven.

Daarmee was McKinley de derde Amerikaanse president die door moordenaarshand is geveld. In 1963 werd John F. Kennedy de vierde in deze macabere optocht.

McKinley werd op 29 januari 1843 in een bescheiden huis in Niles, Ohio geboren. Zes van de acht Republikeinse presidenten tussen 1869 en 1923 kwamen uit Ohio.

De hele Burgeroorlog (1861-1865) diende McKinley bij de Twenty-third Ohio Volunteer Infantry. Zijn commandant, de latere president Rutherford Hayes, sprak lovend over hem. 'Waar

er slag moest worden geleverd of andere oorlogshandelingen dienden te worden verricht, stond deze jonge majoor altijd zijn mannetje.'

In 1867 werd McKinley tot de balie toegelaten. Vier jaar later trouwde hij met Ida Saxton (23). Door het verlies van twee van haar kinderen spoedig na hun geboorte, raakte Saxton in de war en kreeg ze last van epileptische aanvallen. Daardoor werd ze volledig afhankelijk van haar man.

McKinley, die na twaalf jaar in het Huis van Afgevaardigden, gouverneur van Ohio was geworden, legde, wanneer zijn vrouw tijdens een diner een aanval kreeg, een servet over haar gezicht om haar gekwelde gelaatsuitdrukking aan het oog van de gasten te onttrekken.

Toen hij president was, had heel Washington het over de geduldige devotie en liefdevolle aandacht van McKinley voor zijn vrouw. William McKinley zag er net zo verzorgd uit als de Nederlandse schrijver Louis Couperus. Hij was de enige gladgeschoren president tussen Andrew Johnson en Woodrow Wilson.

McKinley had blauwgrijze ogen en een prominente kuil in zijn kin. Vriend en vijand waren het erover eens: McKinley was open, vriendelijk, opgewekt en optimistisch. Het grote publiek waardeerde dat – anders dan zijn uiterlijk deed vermoeden – elk spoor van ijdelheid of affectatie ontbrak.

'Een christelijke *gentleman*,' zei een tijdgenoot. McKinley was de belangrijkste exponent van het Amerikaanse nationalisme, dat rond de eeuwwisseling het voornaamste thema van de Republikeinen was geworden. Zijn politieke stokpaard was het importtarief. Als dat maar hoog genoeg was, zou dat de arbeiders ten goede komen en lucratieve binnenlandse markten openen voor de boeren.

Het belangrijkste conflict op buitenlands gebied was de oorlog met Spanje over Cuba in 1898. Cubaanse opstandelingen die naar het einde van de Spaanse overheersing streefden, konden in Amerika op veel begrip rekenen. Daar zag men Spanje als een koloniale Europese macht die met alle geweld haar bezittingen op het westelijk halfrond veilig wilde stellen.

De 'gele pers' – de samenspannende kranten die schandaalnieuws en het eerste infotainment publiceerden – onder leiding van William Randolph Hearst stookte het anti-Spaanse vuur op. Toen onder nooit opgehelderde omstandigheden op 15 februari 1898 het Amerikaanse oorlogsschip *USS Maine* in de haven van Havana de lucht in was gevlogen (266 doden), was er een duidelijke aanleiding om ten strijde te trekken. Overal weerklonk de strijdkreet: *'Remember the Maine! To hell with Spain!'*

Op 25 april verklaarde het Congres Spanje de oorlog. Om belangrijke pacifisten, zoals de schrijver Mark Twain en de industrieel Andrew Carnegie, te ontzien, werd bij het Teller-amendement uitdrukkelijk afgezien van elke territoriale aanspraak op Cuba. Wel kwamen de Filipijnen feitelijk in bezit van de Verenigde Staten nadat commodore George Dewey de Spaanse vloot in de baai van Manila had verslagen. Aan de met succes bekroonde charges in Cuba deed kolonel Theodore Roosevelt mee, de man die McKinley na diens dood als president zou opvolgen.

De Spaans-Amerikaanse oorlog betekende een grote verandering voor het presidentschap. Het aantal medewerkers op het Witte Huis groeide van zes naar tachtig. Voor het eerst fungeerde George Cortelyou, de privésecretaris, als perschef.

In 1899 stelde minister van Buitenlandse Zaken, John Hay, de Europese landen voor om over te gaan tot een 'opendeurbeleid' met betrekking tot China. Dat land moest dus niet langer in invloedssferen worden opgedeeld. Elk land diende gelijke kansen op de Chinese markt te krijgen.

Na de aanslag op William McKinley in Buffalo werd hij tweemaal geopereerd. Aanvankelijk liet het zich aanzien dat hij zou herstellen. McKinley vroeg om een sigaar (geweigerd) en vast voedsel (toegestaan). Maar op 12 september had hij een terugval. In de vroege ochtend van 14 september stierf de president in het huis van de voorzitter van de Jaarbeurs van Buffalo. McKinleys laatste woorden waren: 'Het is de wens van God. Zijn, niet onze wil moet worden uitgevoerd.'

William McKinley is 58 jaar oud geworden.

Natuurbeschermer en kartelbestrijder

Toen president Theodore Roosevelt er op 16 oktober 1901 lucht van had gekregen dat de geestelijk voorman van het zwarte bevolkingsdeel, Booker T. Washington, in de stad was, nodigde hij hem uit om diezelfde avond bij hem te komen eten.

Volgens Edmund Morris, de auteur van de monumentale biografie *Theodore Rex*, had de president wel even geaarzeld om voor het eerst een zwarte man in de eetkamer van het Witte Huis te ontvangen. Maar hij had zich ook meteen geschaamd voor die weifeling.

Washington was om half acht gekomen en werd door de president aan zijn vrouw Edith voorgesteld. Edith vertoonde nooit veel belangstelling voor mensen van welke kleur dan ook, die niet van 'haar wereld' waren. De enige die echt afkeurend keek was de zwarte butler.

Washington bleef nogal op zichzelf. Er was geen *small talk*, het gesprek ging voornamelijk over de politiek in het Zuiden. De enige die zich, zoals altijd, volkomen op zijn gemak voelde, was de president. Hier werd nog maar eens bewezen wat hij zo vaak had gezegd, namelijk dat negers met bijzondere kwaliteiten, hogere sociale sferen konden bereiken.

Als individu dan, want van collectieve gelijkwaardigheid kon, gezien hun 'natuurlijke beperkingen', geen sprake zijn. Maar aan iemand als Washington kon in sociaal opzicht bij wijze van spreken de doctorstitel honoris causa worden verleend.

Nadat de pers achter het etentje was gekomen, regende het

verwijten als hagelstenen aan het adres van Roosevelt. 'Het grootste misdrijf ooit door een burger van de Verenigde Staten begaan, is gisteren gepleegd door de president, toen hij een neger inviteerde om met hem te dineren in het Witte Huis,' schreef *The Memphis Scimitar*.

Roosevelts eigen sociale positie was altijd volstrekt duidelijk geweest. Hij was op 27 oktober 1858 geboren in een van de deftigste families van New York (de enige president die in die stad ter wereld kwam). De schrijfster Edith Wharton, die uit dezelfde klasse stamde, herinnerde zich de jonge Roosevelt als een brokje radium.

Morris schrijft dat de jonge 'Teedie' – dat later 'Teddy' werd – het solide karakter erfde van zijn verre voorvader Claes Martenszen van Rosenvelt, een van de eerste kolonisten van Nieuw Amsterdam, die in 1649 arriveerde. Claes was boer geweest en in het nieuwe land weer boer geworden. Maar zijn nazaten werden ingenieurs en bankiers, zoals de vader van 'Teedie'.

Een andere Roosevelt had Alexander Hamilton bijgestaan bij de ratificatie van de Grondwet. 'Teedies' grootvader Cornelius van Schaaik bezat een half miljoen dollar in een tijd dat het gemiddelde dagloon tussen de 50 en 75 dollarcent schommelde.

De enige woorden Nederlands die de toekomstige president kende, kwamen uit een kinderliedje: *'Trippel trippel toontjes, kippen in de boontjes.'* Vijftig jaar later, toen Roosevelt in Zuid-Afrika op jacht ging, zong hij deze tekst voor de Boeren, die deze ook nog aan hun kinderen bleken te leren.

De jonge 'Teedie' was zwaar astmatisch en zweefde zo nu en dan op de rand van de verstikkingsdood tijdens de *Grand Tour* (van meer dan een jaar!) die de familie in juli 1869 ook naar Nederland voerde. Zijn familieleden werden soms tureluurs van de extreme preoccupatie met vogels van de jonge amateur-ornitholoog; zijn eerste boek – van de 38! –, dat in 1874 verscheen, ging over vogels.

In Dresden, waar hij en zijn oudere broer Elliott naartoe waren gestuurd om Duits te leren, voorspelde zijn lerares *Fräulein* Anna dat Theodore later hoogleraar en misschien zelfs wel president zou worden.

Aan de Harvard University, waar hij zich ook als lichtgewicht bokser had onderscheiden, studeerde hij magna cum laude af in de natuurwetenschappen, maar hij besloot met het oog op zijn aspiraties in de politiek verder te gaan met rechten.

In 1880 trouwde Roosevelt, 22 jaar oud, met zijn grote liefde, de bankiersdochter Alice Hathway Lee (19), die hem eerder had afgewezen. Vier jaar later, Theodore was lid van het deelstaatparlement in Albany, stierf Alice plotseling, op dezelfde dag als haar schoonmoeder.

Roosevelt wilde het verdriet over het verlies van zijn vrouw als het ware uitdrijven door niet toe te staan dat haar naam in zijn bijzijn ooit nog werd genoemd. In 1886 hertrouwde Theodore in Londen met Edith Kermit Carow (25), de latere Britse ambassadeur in Washington was zijn getuige en de huwelijksreis nam vijftien weken in beslag.

In Albany, de hoofdstad van New York State waar hij later als gouverneur zou tronen, kreeg de jonge Roosevelt al gauw de bijnaam 'de Cycloon'. Hij ijverde ervoor om het verlenen van een ambtelijke functie niet langer als politieke beloning te zien; als lid van de U.S. Civil Service Commission zou hij daar op federaal niveau in Washington mee verdergaan.

Verder was hij actief bij de bestrijding van corruptie in het bestuur van de stad New York. Daar kreeg hij later (1895-1897) rechtstreeks mee te maken als een van de vier 'toezichthouders' op de politie in zijn geboortestad. Roosevelt roeide tegen een brede stroom gevestigde belangen in toen hij de stad de wettelijk voorgeschreven, maar altijd ontdoken zondagse 'drooglegging' afdwong.

Andere verbeteringen, zoals de promoties binnen het korps, kwamen niet van de grond omdat Roosevelt in zijn behoefte om overal en altijd de show te stelen een van de andere toezichthouders zo tegen zich in het harnas had gejaagd dat die de samenwerking verbrak. De schrijver Henry James noemde hem niet voor niets de meest monsterlijke belichaming van het begrip 'geluid'.

Henry Adams daarentegen beschrijft Roosevelt als 'pure energie'. Niemand betwist zijn joie de vivre, zijn vitaliteit, zijn durf en het brede spectrum van zijn wetenschappelijke productiviteit. Of zijn gebrek aan decorum. Of zijn aardigheid tegenover kinderen en chauffeurs.

Van 1884 tot 1886 leefde Roosevelt – die niet kon bestaan zonder de adoratie van het publiek, maar die het ook nooit lang kon stellen zonder de volkomen stilte van de prairie – als buffelboer en jager op groot wild (beren) in de Dakota's. 'Pech volgde ons zoals een gele hond achter een dronkaard aan loopt,' schreef Roosevelt na een vergeefse jachtpartij. Toen Roosevelt vijftien jaar later, na een vicepresidentschap van zes maanden, op 14 september 1901 door de moord op William McKinley president was geworden, waren dat grote behagen in mensen en die behoefte aan de stilte van de natuur onveranderd gebleven.

Toen het bekend werd dat de president tijdens een jacht in Mississippi had geweigerd om een beertje te doden, nota bene de enige prooi die voorhanden was geweest, noemde een speelgoedhandelaar in New York een van zijn speelgoedberen 'Teddy Bear'. Een rage was geboren.

Een van Roosevelts eerste daden als president was het aanpakken van de kartelpraktijken van de Northern Securities Company. Dat was een conglomeraat van drie spoorwegen, in het leven geroepen door onder anderen de Harrimans en de Morgans om de moordende concurrentie tegen te gaan.

Roosevelt kende het milieu van de mannen van het grote geld maar al te goed, al voelde hij zich daar nooit prettig bij. Hij had het soms over de roofhaaien van Wall Street. Hij vond ze vooral ook vervelend gezelschap: 'Ze praten alleen maar over geld.'

Roosevelt, met zijn gebrek aan interesse in de materie, had dikwijls geldzorgen gekend. Het Hooggerechtshof stelde hem met het openbreken van de spoorweg-*trust* in het gelijk. Ook op het gebied van de arbeidsverhoudingen wilde Roosevelt de macht van grote ondernemingen indammen.

Tijdens de langdurige en vaak virulente staking van antracietmijnwerkers in Pennsylvania in 1902, dwong de president de partijen tot een uiteindelijk voor de mijnwerkers gunstig uitvallende arbitrage. Er kwamen wetten tegen kinderarbeid en voor compensatie bij arbeidsongeschiktheid door de schuld van de werkgever.

Een van zijn prestaties die Roosevelt met trots vervulde, was het uitroepen van zestien stukken land tot federale vogelreservaten. Op grond van de Forest Reserve Act uit 1891 behoedde hij meer dan eenderde van het bosareaal voor mogelijke exploitatie. Roosevelt was de eerste politicus van statuur die zich zorgen maakte over de eindigheid van natuurlijke hulpbronnen en over de wereld van zijn kleinkinderen.

In 1908 belegde hij in het Witte Huis de eerste grote conferentie over het behoud van de natuur. De Republikeinse Partij raakte door kwesties als deze steeds meer gespleten. De vooruitstrevende en activistische president voerde vrijwel altijd de linkervleugel aan.

Op het gebied van het buitenlands beleid stond Roosevelt een expansionistische houding voor, waarbij hij bijzonder belang hechtte aan de marine, die hij van 1897 tot 1898 als onderminister had gediend en die het onderwerp van een van zijn vroegste boeken was geweest. Aan het einde van zijn presidentschap liet hij de 'Grote Witte Vloot' (van zestien schepen) een reis van anderhalf jaar om de wereld maken.

'Theodore denkt dat hij de Amerikaanse vlag is,' zei een vriend. Of, in de woorden van een tante: 'Bij een bruiloft wil Theodore altijd de bruid zijn en bij een begrafenis het lijk.'

'TR' (hij was de eerste president die vaak alleen met zijn initialen werd aangeduid) had een grote belangstelling voor Latijns-Amerika. Hij had in 1898 zijn positie als staatssecretaris opgegeven om in Cuba tegen de Spanjaarden te vechten. De charge met zijn Rough Riders bij San Juan beschouwde hij als het hoogtepunt van zijn bestaan. President Roosevelt koos definitief voor Panama als bedding voor een kanaal door de istmus van Midden-Amerika. Toen Colombia, waartoe Panama als provincie tot op dat moment behoorde, terugkwam op eerder overeengekomen voorwaarden, regelde de Amerikaanse diplomatie in 1903 moeiteloos de afscheiding van Panama tot een afzonderlijk land.

In zijn jaarlijkse boodschappen tot het Congres ontwikkelde Roosevelt een aanvulling op de Monroe-doctrine: niet alleen hadden de Europese mogendheden zich niet met de Latijns-Amerikaanse landen te bemoeien, die laatste dienden evenmin de Verenigde Staten in de wielen te rijden.

De beste benadering voor Washington was, zei de president zelf, ontleend aan een West-Afrikaans spreekwoord: 'Spreek zachtjes, maar draag een grote knots.' De dag nadat hij die woorden had uitgesproken, zwaaiden enthousiaste bewonderaars met baseballknuppels naar zijn trein.

In 1905 was Roosevelt op twee oorlogsbodems voor de kust van New England gastheer voor een Japanse en Russische delegatie. Japan had Rusland vernietigend verslagen, en het was aan Roosevelt om een vredesakkoord aanvaard te krijgen. Teneinde de gasten uit Tokio niet voor het hoofd te stoten, werden de Japanse messbedienden op de schepen in allerijl vervangen door Chinese.

Die bemiddelingspoging slaagde. Het leverde de president de Nobelprijs voor de Vrede op. In 1908 weigerde Roosevelt, uiteindelijk met spijt in het hart, een derde termijn. Vier jaar later deed hij nog een keer mee, ditmaal zonder succes als kandidaat van de Progressieve Partij.

Eenmaal weg uit Washington bleef Roosevelt schrijven en wereldreizen maken; in Milwaukee werd een aanslag op hem gepleegd.

Op 29 april 1910 ontving koningin Wilhelmina de ex-president op paleis Het Loo. Hij vond haar gewoontjes, slecht gehumeurd en vol eigenwaan. Dezelfde dag hield hij, na een rijtoer door de stad Amsterdam, een redevoering in het gebouw van de Vrije Gemeente aan de Weteringschans. Toen in 1917 de Verenigde Staten partij werden in de Eerste Wereldoorlog, meldde de 58-jarige 'Rough Rider' zich voor een officiersfunctie aan het front. Roosevelt had grote waardering voor de fel anti-Duitse cartoons van Louis Raemaekers. Hij noemde ze de krachtigste en meest nobele bijdragen van de kant van de neutralen aan de zaak van de beschaving.

President Woodrow Wilson gaf Roosevelt overigens geen toestemming. Roosevelts zoon Quentin, oorlogsvlieger, werd een jaar later door de Duitsers neergehaald.

Op 6 januari 1919 stierf Roosevelt, zestig jaar oud, in zijn buitenhuis Sagamore in Oyster Bay. Zijn laatste woorden golden zijn bediende James Amos: 'Doe alsjeblieft het licht uit.'

'Een groot verlies voor het land,' sprak de anarchist die hem in 1912 nog had willen vermoorden. In Milwaukee schoot hij op Roosevelt, die net aan een toespraak was begonnen, maar de kogel bleef in Roosevelts borst steken. Geheel in stijl liet Roosevelt zich pas behandelen nadat hij zijn rede had voltooid.

Lichtgewicht van
137 kilo

William Howard Taft, die op school al 'Grote Loebas' werd genoemd, was legendarisch dik. Nadat hij als gouverneur op de Filipijnen een inspectietocht te paard had gemaakt, telegrafeerde hij aan Washington: 'Ik heb de rit goed doorstaan, 25 mijl in het zadel gezeten.'

Minister van Oorlog Elihu Root seinde het beroemd geworden antwoord: 'Hoe is het met het paard?' Als president kwam Taft, met zijn 137 kilo, een keer klem te zitten in de badkuip en moest er een nieuwe komen met het formaat van een klein zwembad.

Taft had kastanjebruin haar en blauwe ogen. Hij was een joviale, populaire man; zij het met weinig intimi. Het was verbazingwekkend, schreef een van zijn biografen, dat hij in het Witte Huis niemand had op wie hij echt kon leunen. Taft was niet gelukkig als president, al was het maar door het kwellende besef dat hij geen schaduw was van zijn grote voorganger en aanvankelijke beschermheer Theodore Roosevelt.

Taft had altijd slechts één groot verlangen: president van het Hooggerechtshof te worden. Zijn ambitieuze echtgenote Helen ('Nellie') dacht daar echter anders over, zij zag hen beiden veel liever in het Witte Huis. Ook Theodore Roosevelt wilde dat.

William Taft werd op 15 september 1857 geboren in een van de betere buurten van Cincinnati, in de staat Ohio. Er was op een meisje gehoopt. Zijn vader, Alphonso Taft, was advocaat en zou het tot minister en diplomaat brengen. Zijn zoon groeide op

als een jolig, welgemanierd kind. Mede doordat hij twee keer per week naar dansles ging, bewoog hij zich toch vrij soepel.

Aan de Yale University was Taft zowel academisch – hij was de op één na beste in een klas van 132 rechtenstudenten – als sociaal – hij werd een prominent lid van gezelschap 'Skull and Bones' – uitgesproken succesvol.

Zijn eerste baantje was als rechtbankverslaggever bij de *Cincinnati Commercial*. De volgende twintig jaar vervulde Taft met succes tal van juridische functies. In die tijd onthield hij zich van politieke activiteiten.

Zijn doorbraak kwam toen president William McKinley hem in 1900 benoemde tot hoofd van het burgerlijke bestuur van de juist op Spanje veroverde Filipijnen. Taft betoonde zich een verlichte gouverneur-generaal. Zo kocht hij een grote hoeveelheid grond van het Vaticaan, die hij in kleine perceeltjes tegen een lage pacht onder landloze Filipino's verdeelde.

Taft had het voortdurend aan de stok met generaal Arthur MacArthur, de militaire gezaghebber, die volgens Tafts ambtsberichten minachting voor de inboorlingen aan de dag legde. Door Roosevelt in 1904 aangezocht als minister van Oorlog, moest Taft toezicht houden op de aanleg van het Panamakanaal.

Bij besprekingen met de Japanse premier, graaf Taro Katsura, in Tokio in 1905, gaf Taft op eigen gezag te kennen dat Washington geen bezwaar had tegen Japanse overheersing van Korea, mits dat geen prelude voor agressie tegen de Filipijnen zou betekenen. Roosevelt dekte hem onmiddellijk.

Nadat Taft (onder druk van 'Nellie') drie keer een aanbod voor een plaats in het Hooggerechtshof had afgeslagen, begon Roosevelt, die zich – al had hij daar spijt van – gebonden voelde aan zijn belofte om in 1908 niet langer mee te doen, ervoor te ijveren dat de Republikeinen Taft als hun presidentskandidaat zouden kiezen.

Roosevelt, die zeer op Taft was gesteld, ging ervan uit dat die getrouw zijn politiek zou voortzetten. Zo zou hij met Taft als stroman toch nog vier jaar kunnen 'aanblijven'. Veel animo had de kandidaat zelf niet. Toen Taft tijdens de campagne vaak zijn toevlucht nam tot de golfbaan werd hij daar door Roosevelt ernstig over onderhouden.

De Democraten, tot dan toe de meer behoudende partij, brachten met William Bryan voor het eerst een progressieve kandidaat in het veld. Uiteindelijk won Taft, maar diens beleidsdaden, of het nu ging om de invoerrechten, het natuurbehoud of de antitrustpraktijken, vormden een cavalcade van teleurstellingen voor Roosevelt. Zelf was hij activistisch geweest, imperialistisch ook, zijn opvolger was afwachtend. Taft zei ooit over zijn beschermheer: 'Als iemand vraagt naar de president kijk ik om me heen waar Roosevelt is.'

Toen Taft in 1911 U.S. Steel wilde openbreken, was de boot pas goed aan. Roosevelt had vier jaar eerder de vorming van dat kartel juist toegestaan. Zo niet een schoffering, dan was het toch in elk geval een uiterst amateuristisch optreden, vond Roosevelt, die zijn vroegere protegé nu als een tweedeklas-flapdrol bestempelde.

De strijd liep zo hoog op dat beide heren bij de verkiezingen van 1912 tegenover elkaar kwamen te staan en de Democraat Woodrow Wilson er met de zege vandoor ging. Maar zover was het nog niet. President Taft introduceerde de 'dollardiplomatie', het gebruiken van militaire macht van de Verenigde Staten en hun diplomatieke invloed om de Amerikaanse zakelijke belangen in het buitenland kracht bij te zetten.

Zo stuurde hij in 1912 mariniers naar Nicaragua om een rebellie neer te slaan tegen een regering die het Amerikaanse zakenleven vriendelijk gezind was. Taft zag dit optreden als een uitvloeisel van de Monroe-doctrine.

Na zijn aftreden in 1913 was Taft acht jaar hoogleraar in de rechten op Yale. Met Roosevelt verzoende hij zich toen hij hem in 1918 bij toeval in een restaurant te Chicago tegen het lijf liep.

Tafts *finest hour* kwam toen hij in 1921 tot voorzitter van het Hooggerechtshof werd benoemd. Uit die tijd stamt zijn uitspraak: *'I don't remember that I ever was president.'* Wegens zijn slechte gezondheid trad hij in februari 1930 terug.

William Taft stierf op 8 maart 1930, 73 jaar oud, in zijn huis in Washington. Hij was de eerste ex-president wiens begrafenis via de radio werd uitgezonden.

Wereldverbeteraar met afkeer van zwarten

Op 2 april 1917 verscheen president Woodrow Wilson op een zitting van het Congres. Hij kwam vragen om Duitsland de oorlog te verklaren, een ingreep waartegen hij zich zo lang had verzet. 'Wij moeten de wereld veilig maken voor democratie,' betoogde de altijd hooggestemde oud-hoogleraar uit Princeton. 'De vrede moet worden geplant op de beproefde funderingen van politieke vrijheid.'

Op 4 april ging de Senaat met 82 tegen 6 stemmen akkoord. Het Huis van Afgevaardigden volgde twee dagen later met 373 tegen 50. Voor de eerste maal in de geschiedenis kwam de Nieuwe Wereld de Oude, die in haar eigen bloed dreigde te verdrinken, met inzet van eigen leven en goed te hulp.

Woodrow Wilson werd op 28 december 1856 geboren in de pastorie van de Presbyteriaanse Kerk in Staunton, Virginia. Hoewel hij daar al vroeg wegtrok, zou hij zichzelf altijd als een zoon van het Zuiden blijven zien.

Die afkomst was ook bepalend voor zijn houding tegenover de zwarte bevolking, die hij als inferieur beschouwde. 'Het is de negers doordat zij meevochten in Europa naar het hoofd gestegen,' zei hij in 1920 tegen een vriend. Een film die de heldendaden van de Ku-Klux-Klan bewierookte, kon hem bekoren, schrijft de vroegere Leidse hoogleraar Jan Willem Schulte Nordholt in zijn biografie: *Woodrow Wilson, een leven voor de wereldvrede.*

Wilson had een langwerpig gezicht, dat wel van aluinsteen

leek te zijn gemaakt, te groot uitgevallen oren en grijsblauwe
ogen. Zijn gezondheid was slecht. In zijn laatste jaren was hij
vrijwel blind.

Wilsons eerste vrouw, Ellen Louise Axson, stierf in augustus 1914, toen zij in het Witte Huis verbleef. Krap een jaar later
hertrouwde de president (58) met Edith Boling Galt (43), een
kordate dame. Die korte tijdspanne tussen dood en nieuw begin
gaf aanleiding tot malicieuze praatjes. Zo zou Edith Ellen hebben vermoord.

Het nieuwe echtpaar werd, zonder het te kunnen helpen, de
risee van de stad toen *The Washington Post* een fatale schrijffout
maakte. De krant meldde op een dag in zijn sociale rubriek dat
de president het grootste deel van de avond *'entering his wife'*

had doorgebracht. Er had *'entertaining'* moeten staan.

Woodrow Wilson had rechten gestudeerd, maar de advocatuur had hem niet kunnen boeien. Via de weg van de wetenschap hoopte hij in de politiek te belanden. Zijn jaren (1902-1910) als rector magnificus van de Princeton University waren echter geen onverdeeld succes. Omdat hij meer sociale gelijkheid wilde, probeerde hij de corporale structuur van de studentenmaatschappij af te breken, en dat liep uit op een echec.

Toch werd Wilson, een vruchtbaar auteur, op voorspraak van de hoofdredacteur van de *North American Review* in 1910 voorgedragen als de Democratische kandidaat voor het gouverneurschap van New Jersey. Het werd een kortstondig gouverneurschap. Slechts drie jaar later was hij al president. Zijn overwinning in 1912 dankte hij aan het feit dat de Republikeinen sterk verdeeld waren.

Als president gedroeg Wilson zich als ware hij de copiloot van de Voorzienigheid. Elke vorm van imperialisme zou Amerika, dat uitverkoren land, voortaan vreemd zijn. Geschillen, nationaal of internationaal, konden voortaan slechts met het recht in de hand worden beslecht. Per definitie goede volkeren zouden van hun boze heersers moeten worden bevrijd.

Het was Amerika's rol om niet zozeer speler maar scheidsrechter in een barse wereld te zijn. Tegenstanders, zoals de Republikeinse coryfeeën Henry Cabot Lodge en Theodore Roosevelt, gruwden van zoveel (schijn)heiligheid en gebrek aan realiteitszin. Later, tijdens de onderhandelingen over het Verdrag van Versailles in Parijs, zouden de Franse premier Georges 'Le Tigre' Clemenceau en de Britse regeringsleider Lloyd George er niet anders over denken.

President Wilson kwam meer dan zijn directe voorgangers met Nederlanders in aanraking. In haar ijveren voor vrede bezocht de suffragette Aletta Jacobs hem in 1915. Zij vond Wilson 'heel vriendelijk en mannelijk'. In 1917 ontving hij Louis Raemaekers, cartoonist bij *De Telegraaf*, omdat die de Duitse keizer en zijn regering zo fraai uitbeeldde als barbaarse beesten.

En dan was er in 1919 het interview – het enige dat Wilson in Parijs ooit heeft gegeven – met Frederik van Oss, de hoofdredacteur van de *Haagsche Post*. De president vertelde Van Oss dat hij doodmoe was, maar dat hij hoopte dat de Volkenbond, zijn geesteskind, 'de tekortkomingen van het Vredesplan om zo te zeggen automatisch zal wegwerken'.

In januari 1918 was Wilson met zijn veertienpuntenplan gekomen voor een allesomvattende vredesregeling. Het laatste punt voorzag in de oprichting van de Volkenbond, die toekomstige conflicten collectief in de kiem zou moeten smoren. Als hoogste beginsel gold voor Wilson het zelfbeschikkingsrecht der volkeren. Maar een van de vragen die onbeantwoord bleven, was voor welke entiteiten dat in extremis zou gelden.

Over de goedkeuring van het Volkenbondsverdrag in de Senaat voerde een zwaar zieke Wilson bijna letterlijk een gevecht op leven en dood met de Republikein Cabot Lodge. Die was, in ruil voor enkele minder belangrijke aanpassingen, nog wel bereid geweest om toch in te stemmen. Maar voor de president was de tekst heilig, en dus onaanraakbaar, geworden. Dat werd hem fataal. De Senaat onthield tot twee keer toe zijn goedkeuring. De tragedie van Wilson was dat zijn eigen land zich nota bene afwendde van zijn schepping, die hem in 1919 de Nobelprijs had bezorgd.

Wilsons laatste jaren verliepen moeizaam. Met extreme inspanning publiceerde hij nog één artikel. Op 3 februari 1924 stierf hij in zijn huis in Washington, 65 jaar oud. Zijn laatste woorden luidden: 'De machine doet het niet meer, maar ik ben gereed.'

De Republikeinse staatsman Henry Stimson noteerde in zijn dagboek: 'Zelfs in de vergissingen van Woodrow Wilson lag altijd een zekere profetische grandeur. Ook als hij fout was, dan was hij fout in de goede richting.'

Misschien wel de slechtste president ooit

Doordat de Republikeinen het vredesverdrag van Versailles –
geesteskind van de Democratische president Woodrow Wilson
– hadden verworpen, was het aan diens Republikeinse opvolger
Warren G. Harding om in 1921 ook voor de Amerikanen formeel
een einde te maken aan de Eerste Wereldoorlog (1914-1918).
Dat deed hij met een minimum aan decorum. De president was
aan het golfen in New Jersey toen hij van de baan werd gehaald
door een medewerker die de resolutie zelf uit Washington was
komen brengen.

In de woning van een bevriende Senator las Harding, terwijl
de hond des huizes aan zijn schoenen snuffelde, de resolutie die
een einde maakte aan 'de staat van oorlog tussen de Keizerlijke
Duitse Regering en de Verenigde Staten van Amerika'. Nog
steeds gekleed in zijn golftenue tekende de president. 'Dat is
alles,' zei hij. De oorlog was over en de president kon beginnen
aan zijn volgende *hole.*

Warren Gamaliel Harding zag het levenslicht op 2 november
1865 op de familieboerderij in Corsica, Ohio. Hij was van ge-
mengde Britse, Ierse en Nederlandse afkomst. Zijn hele leven,
vooral tijdens zijn campagne voor het presidentschap, bleef
hem het verhaal achtervolgen dat bij de Hardings meer dan een
druppel zwart bloed door de aderen stroomde. Een aantijging
die hem bijzonder kwaad maakte, al opperde hij tegenover een
bevriende journalist dat een van zijn voorvaders wellicht inderdaad van het rechte pad was afgeweken.

Beide ouders van Harding waren arts. Hun zoon had een meegaand karakter. Tijdens een lezing voor de Nationale Persclub in 1922 memoreerde de president hoe zijn vader hem eens had gezegd: 'Warren, het is maar goed dat jij niet als meisje op de wereld bent gekomen. Want dan was je continu zwanger geweest. Jij kunt immers geen "nee" zeggen.'

Warren Harding was een knappe, lange man met glanzend, zilverwit haar, een klassieke Romeinse neus, grijze ogen en een prettige stem. Op zijn 24ste kreeg hij een zenuwinzinking. Om op krachten te komen, ging hij naar een inrichting in Michigan, die werd geleid door dr. J.P. Kellogg (van de cornflakes).

Harding was dol op mensen. In alle jaren dat hij eigenaar was van de *Marion News*, een lokale krant in Ohio, werd er niemand ontslagen. Er was niets wat Harding zo vervelend vond als iemand tegen zich in het harnas jagen.

Zijn intellectuele vermogens waren bijzonder middelmatig. Ook op Harding was van toepassing geweest wat de Britse premier Winston Churchill, een halve eeuw later, over zijn opvolger Clement Attlee zou zeggen: een bescheiden man, met veel om bescheiden over te zijn.

In 1891 trouwde de 25-jarige Harding met de vijf jaar oudere Florence – 'Flossie' – Kling DeWolfe. Deze hautaine weduwe deed wonderen voor het krantenbedrijf van haar man, maar het 126 huwelijk was niet gelukkig. Harding zocht zijn heil steeds vaker in huizen van plezier, terwijl 'Flossie' zich, toen ze eenmaal het Witte Huis hadden betrokken, meer en meer voor de astrologie ging interesseren.

Harding had vijftien jaar lang een verhouding met Carrie Philips. Samen met de wederzijdse partners, die van niets wisten, werden tochten naar Europa (1909) en de Bermuda's (1911) ondernomen. Na zijn dood werd bekend dat Harding, officieel kinderloos gebleven, een dochter had. De moeder was een zekere Nan Britton. Harding heeft zijn dochter alleen maar op foto's gezien. Hij betaalde, overeenkomstig zijn karakter, een ruime vergoeding.

Harding debuteerde als politicus in het deelstaatparlement van Ohio. Een onopvallende termijn in de Senaat (1915-1921) volgde. Op de Conventie in Chicago, waar in juni 1920 de Republikeinse kandidaat voor het presidentschap moest worden verkozen, was Harding een van *the darkest horses*, een van de meest onwaarschijnlijke kanshebbers.

Doordat de partij zich niet eensgezind achter een grote naam kon scharen en iedereen hem aardig vond, viel de kandidatuur toe aan de courantier uit Ohio. In november dat jaar versloeg Harding de Democraat James Cox, ook een man uit de krantenwereld van Ohio, met gemak. Erg zeker van zijn zaak voelde hij zich toch niet. Tot een vriend zei hij: 'Ik ben niet geschikt voor dit ambt en ik had hier nooit mogen zijn.'

Hardings grootste wapenfeit als president was het bijeenroepen van een wapenbeheersingsconferentie. Na drie maanden van onderhandelen in Washington (1921-1922) spraken de belangrijkste maritieme staten (minus Duitsland) af om het tonnage van hun vloten volgens een bepaalde verdeelsleutel terug te brengen. Verder was Harding de eerste president na afloop van de Burgeroorlog die op Zuidelijke bodem (Alabama) durfde te pleiten voor de rechten van de zwarten.

Zijn regering werd ontsierd door corruptieschandalen. De meest beruchte was de Teapot Dome-affaire, toen aan het licht kwam dat de minister van Binnenlandse Zaken voor eigen gewin olie-exploratierechten in Wyoming had verkocht.

In de zomer van 1923 vertrok de president voor een lange reis door het land om gewone mensen te ontmoeten en zijn beleid uit te leggen. In de buurt van San Franciso kreeg hij longontsteking. Op 29 juli werd hij daar ondergebracht in kamer 8.064 van het Palace Hotel.

Op 2 augustus las zijn vrouw aan zijn ziekbed een artikel uit *The Saturday Evening Post* voor dat vleiend voor Harding was. 'Prima, dat is goed, toe, lees nog wat verder,' zei hij. Dat waren zijn laatste woorden, want enkele ogenblikken later was hij dood.

Harding is 57 jaar geworden. Zijn biograaf Morton Keller wijst erop dat Harding een vaste plaats heeft op ieders lijstje met de slechtste presidenten. Gronden: beperkt intellect, geen leiderschapskwaliteiten, corrupte medewerkers en dan nog die in zonde geteelde liefdesbaby.

Zuinige ruiter
op hobbelpaard

Wie bedenkt hoeveel moeite de meeste bewoners van het Witte Huis zich getroosten om daar terecht te komen, verbaast zich er telkens over dat sommigen van hen juist de dagen tellen totdat zij de deur van het Oval Office voorgoed achter zich dicht kunnen slaan.

Zo naaide de vriendelijke Grace Coolidge elke maand een nieuw vierkant op een beddesprei die zij aan het maken was. Het was de bedoeling dat wanneer de sprei af was, het echtpaar Coolidge zou kunnen terugkeren naar zijn geliefde Northampton, een kleine stad in Massachusetts waar de president eerder burgemeester was geweest.

De melancholie waarmee het verblijf van Calvin Coolidge en zijn vrouw in het Witte Huis was doordrenkt, kwam voort uit het verlies van hun zoon Calvin junior (16), die bij het tennissen zonder sokken een bloedvergiftiging had opgelopen en in 1924, tijdens de presidentiële campagne van zijn vader, stierf. 'Toen hij heenging, nam hij de macht en de glorie van het presidentschap met zich mee,' zei zijn verder met woorden zo karige vader.

De dood speelde ook een beslissende rol bij het aan de macht komen van Calvin Coolidge, die onder de Republikein Warren Harding van 1921 tot 1923 vicepresident was. Harding stierf in de zomer van 1923 plotseling tijdens een dienstreis door de westelijke staten. Coolidge verbleef die nacht in zijn ouderlijk huis in Vermont, waar de familie vandaan kwam. Toen de te-

legrambezorger van Western Union het bericht van Hardings dood bij diens opvolger had afgeleverd, was de eerste gedachte die bij Coolidge opkwam: *'I can swing it'* – dat lukt me wel.

Een te optimistische prognose, naar zou blijken. Coolidge staat te boek als een van de zuurste, zuinigste en minst ondernemende presidenten. Historici stellen het vaak voor alsof Coolidge de vijfenhalf jaar die hij in het Witte Huis verbleef, slapende heeft doorgebracht. Die gedachte heeft hij zelf, aardiger, onder woorden gebracht. 'Viervijfde van al onze moeilijkheden in dit bestaan zou verdwijnen als het ons zou lukken te blijven zitten en ons koest te houden.'

Coolidge had de instelling van een kleine boekhouder. Zijn biograaf William Allen White schrijft in *A Puritan in Babylon* dat Coolidge elke avond stipt op hetzelfde uur bij zijn vrouw Grace, die hij schromelijk onderwaardeerde, thuiskwam, 'zodat het wel leek of er continu een avondklok van kracht was'.

In een moment van zelfreflectie zei Coolidge tegen een collega-politicus uit New England: 'Weet je, ik ben eigenlijk nooit groot geworden. Ik vind het moeilijk om dit spel te spelen. In de politiek moet je voortdurend met mensen omgaan en dat valt mij zwaar.'

Coolidge was een uitzonderlijk saaie spreker. Toen hij als kandidaat voor het plaatsvervangend-gouverneurschap met gouverneur Samuel W. McCall van Massachusetts op campagne was, schreef een krant: 'Met de oratorische gaven van McCall krijg je zo een zaal vol, als Coolidge vervolgens het woord neemt, heb je hem ook zo weer leeg.'

Coolidge was niet alleen geen meeslepend spreker, hij zei ook buitengewoon weinig. Wanneer een tafeldame in Boston hem vroeg of hij destijds op de universiteit veel aan sport had gedaan of aardig wat had gelezen, viel het antwoord zelden langer uit dan de woorden 'ja' of 'nee'. Een gastvrouw aan een diner zei eens tegen hem: 'Ik heb gewed dat ik vanavond meer dan twee woorden uit u zal krijgen.' Het antwoord van Coolidge luidde: 'U verliest.' Toen iemand hem naar zijn hobby vroeg, was het antwoord: 'Een publieke functie bekleden.'

Er zijn drie presidenten op de Vierde Juli, de Nationale Feestdag, gestorven. Coolidge is de enige die op die dag (in 1872) het levenslicht zag, en wel in Plymouth, Vermont.

Coolidge was klein van stuk, had diepliggende, blauwe ogen en het rossige haar van zijn jeugd werd langzaam zandkleurig. Als gouverneur van Massachusetts verwierf hij nationale bekendheid door de wijze waarop hij optrad tegen de staking onder het politiekorps van Boston. Hij stuurde de leiding van de politievakbond een telegram met de mededeling dat staken in strijd was met de openbare veiligheid en door wie dan ook, waar dan ook en wanneer dan ook was verboden. Die uitspraak lanceerde hem richting het Witte Huis.

Als president bekleedde Coolidge de belangrijkste publieke functie van het land. Zijn liefhebberijen leken nu wat te zijn verschoven. In weinig had hij zoveel plezier als in het samen met zijn lijfwacht etalages bekijken; slechts zelden kocht hij een mooie jurk voor Grace. In het Witte Huis bereed hij graag een hobbelpaard dat door elektrische stroom werd voortbewogen. De president roste het speelgoedbeest bij die gelegenheden dan graag stevig af.

In zijn laatste jaren als president verbleef Coolidge 's zomers in een residentie in de Black Hills in South Dakota. Bezoekende indianen en cowboys konden hem geen groter plezier doen dan door hem een kostuum (met veren of sombrero) te schenken, al bleef hij bij die verkleedpartijen meestal even somber kijken als altijd.

Coolidges motto was: *'America's business is business.'* Aan de vooravond van de grote beurscrash van 1929 bloeide de Amerikaanse economie. Tijdens zijn presidentschap werd het voor immigranten een stuk moeilijker om Amerika binnen te komen. Op het gebied van de buitenlandse betrekkingen kwam het tot het Kellogg-Briand Pact van 1928, een wazig akkoord waarin vijftien landen afzagen van oorlog als middel om internationale geschillen te beslechten.

Na zijn presidentschap teruggekeerd naar Northampton schreef Coolidge veel columns. Op 5 januari 1933 vond Grace hem dood in de slaapkamer. Geveld door een hartaanval. Coolidge, zestig jaar oud geworden, had zich die ochtend nog over een legpuzzel van George Washington gebogen.

Bevlogen geoloog die Barmhartige Samaritaan werd

Toen de Duitse bondskanselier Konrad Adenauer in de lente van 1953 voor het eerst de Verenigde Staten bezocht, reed hij van de boot linea recta naar de Waldorf Tower in New York, waar oud-president Herbert Hoover, toen 79 jaar oud, een appartement bewoonde. Om hem te bedanken.

Tot twee keer toe had Hoover, belast met de voedselvoor-ziening, Duitsland van de hongersnood gered. Bovendien was er na afloop van de nazitijd geen Amerikaan geweest die zich zo fel had verzet tegen de plannen van zijn landgenoot Hen-ry Morgenthau om van Duitsland voor eeuwig een agrarische staat zonder industrie te maken. Hoover schreef in een rapport over de voedselsituatie in Duitsland, opgesteld op verzoek van minister van Buitenlandse Zaken George Marshall: 'Wil de westerse samenleving in Europa overleven, dan zal zij ook in Duitsland moeten overleven.'

Deze houding bezorgde hem in sommige kringen in eigen land de scheldnaam *Hitler lover*. Van Hitler, die hij op bezoek in Duitsland in 1938 tijdens een tirade tegen de Joden had on-derbroken, moest Hoover echter niets hebben. Net zomin als hij enige illusie koesterde over het communisme toen hij de bolsjewieken rond 1920, in de verwarring na het einde van de Eerste Wereldoorlog, voedselhulp aanbood. Het is zeer waar-schijnlijk dat nog meer Europese landen voor de lokroep van het communisme waren bezweken als Hoover niet met een her-stelprogramma was gekomen.

Hoover, wiens presidentschap (1929-1933) werd beheerst door de Grote Depressie, wordt als een middelmatige president gezien. Maar als navolger van de Barmhartige Samaritaan kent deze ereburger van onder meer België en Polen zijn gelijke niet onder de bewindslieden van de twintigste eeuw.

Herbert Hoover werd geboren op 10 augustus 1874 in West Branch, Iowa. Hij was de eerste president die ten westen van de Mississippi het levenslicht zag. Doordat zijn vader, die in land-bouwwerktuigen handelde, stierf toen zijn zoon pas zes jaar oud was en zijn moeder vier jaar later eveneens, heeft Hoover in zijn jeugd veel langs familie in verschillende staten gezworven.

In 1896 studeerde hij af als mijnbouwkundig ingenieur in de eerste lichting studenten aan de nieuwe Stanford University, waarmee hij zijn hele leven nauw verbonden zou blijven. Op Stanford ontmoette hij ook zijn latere vrouw, Lou Henry, een van de weinige vrouwen in die tijd die geologie studeerden.

Hoover had kastanjebruin haar en hazelnootkleurige ogen. Hij droeg de scheiding links van het midden. Door de bolling van zijn gezicht deed hij soms denken aan een eekhoorn die beukenootjes in zijn wangholtes bewaart.

Hoover was onkreukbaar, uiterst gevoelig voor kritiek, verlegen en had weinig op met praatjes over koetjes en kalfjes. Hij schreef zijn toespraken zelf en benoemde medewerkers op grond van hun expertise, niet van hun politieke kleur. Anders dan zijn opvolger, Franklin Delano Roosevelt, die één en al politicus was, bleef Hoover altijd de bevlogen en humane ingenieur, schrijft zijn biograaf Eugene Lyons.

Zijn eerste jaren in de mijnbouw voerden hem onder meer naar Australië en China, waar het echtpaar Hoover in 1900 in Tianjin in de zogeheten Boksersopstand terechtkwam, die een reactie was op de penetratie van China door westerse mogendheden. In Tianjin deed de toekomstige president zijn eerste ervaring op met het op touw zetten van noodhulp. Beide Hoovers kenden inmiddels een paar honderd woorden Mandarijn-Chinees. Later, in het Witte Huis, bedienden zij zich daar nog weleens van als ze niet wilden dat de bedienden hen begrepen.

Hoover bevond zich in Londen toen de Eerste Wereldoorlog uitbrak. Van daaruit regelde hij de repatriëring van de ongeveer 120.000 Amerikanen die in Europa waren gestrand. Dit was het beginpunt van zijn publiek humanitaire loopbaan, waarvoor hij nooit een dollar heeft willen toucheren. Ook het salaris voor het presidentschap wees hij af. Hoover was in 1914 al miljonair, maar hij had met zijn kennis van mineralen makkelijk miljoenen méér kunnen verdienen. Toen president Warren Harding hem in 1921 het ministerschap van Handel aanbood, lag er ook een voorstel van de gebroeders Guggenheim om de leiding van hun mijnbouwimperium over te nemen voor een jaarsalaris van ten minste een half miljoen dollar. Hoover koos voor het ministerschap en liet ook de daaraan verbonden 15.000 dollar per jaar lopen.

Acht jaar later werd Hoover als president verantwoordelijk gehouden voor de grote beurscrash van oktober 1929, hoewel hij daaraan weinig kon doen. Drie jaar later had een kwart van de beroepsbevolking geen werk meer en functioneerde de staalindustrie nog op slechts 13 procent van haar capaciteit. Bovendien heerste er een grote droogte, die kwaadsprekers Hoover het liefst ook nog in de schoenen hadden geschoven.

Hoover reageerde op de crisis door de Reconstruction Finance Corporation op te richten en met ongekend hoge uitgaven voor de bouw van verkeersaders, ziekenhuizen en waterwegen. Maar dat hielp niet vlug genoeg. Toen Hoover in 1932 het leger, onder leiding van generaal Douglas MacArthur, afstuurde op een kampement voor veteranen die hun oorlogspremies onmiddellijk wilden verzilveren, had hij het vertrouwen van de bevolking verloren. 'Zelfs een roos zou verwelken in zijn hand,' schreef een commentator.

Tijdens het presidentschap van Harry S. Truman kwam de rehabilitatie. Hoover hervatte zijn humanitaire werk, leidde tweemaal een regeringscommissie die de inrichting van de overheid tegen het licht hield en schreef een aantal boeken, waarvan *An American Epic*, over de wederopbouwhulp, het belangrijkste is.

Hoover is de president die het langst van zijn pensioen heeft genoten: meer dan dertig jaar. Op 20 oktober 1964 overleed deze hoogstaande quaker, negentig jaar oud, in New York aan de gevolgen van een maagbloeding.

Aanstekelijk lichtvoetig
en absoluut briljant

Tijdens een topconferentie in Québec in augustus 1943, besloten de Amerikaanse president Franklin Delano Roosevelt en de
Britse premier Winston Churchill dat de geallieerde landingen
in West-Europa op 1 mei 1944 zouden plaatshebben.

In de badkamer van de premier werd een vreemdsoortige
conferentie gehouden. Gebogen over het water van de badkuip
hingen hoge Britse en Amerikaanse militairen. Terwijl Churchill in een veelkleurige ochtendjas met zijn handen door het
bad bewoog om deining te maken, werden die landingen met
twee zeepdoosjes en drie sponzen nagebootst.

Roosevelt kon wegens zijn polio, waardoor hij vanaf zijn
middel verlamd was, niet meedoen met deze oefening. Maar hij
was bijzonder verheugd dat Winston Churchill, getraumatiseerd
door ervaringen in de Eerste Wereldoorlog, eindelijk zijn verzet
tegen die landingen had opgegeven.

De conservatieve Churchill en de progressieve Roosevelt
waren door een diepe vriendschap met elkaar verbonden. Toen
Groot-Brittannië er in de zomer van 1940 alleen had voorgestaan
tegen Hitler, had Roosevelt, tegen de wens van zijn generaals en
van de bevolking in, verordonneerd dat Amerika een deel van
zijn (toen schaarse) materieel aan de Britten zou 'uitlenen'.

Tijdens die conferentie in Canada was Roosevelt al tien jaar
president. Hij was aan zijn derde termijn bezig. Volgens de peilingen was 70 procent van de bevolking tevreden over hem. 'Als
de polio hem niet klein heeft gekregen, zal het presidentschap

dat ook niet doen,' had zijn vrouw Eleanor geantwoord op een vraag van een journalist of hij het presidentschap wel aankon.

Dat was vlak voordat Roosevelt in 1933 voor het eerst de ambtseed had afgelegd op de Hollandse Statenbijbel, die in 1650 door zijn verre voorvader Claes van Rosenvelt vanuit Zeeland was meegebracht naar de Nieuwe Wereld.

Naast zijn vele talenten was Roosevelts optimisme opvallend. Hij had een aanstekelijke lichtheid, die in Nederland vaak ten onrechte wordt verward met oppervlakkigheid, kon goed luisteren en had een onvoorstelbaar doorzettingsvermogen, tobde zelden of nooit en bezat een ongelimiteerd vertrouwen in zichzelf. Niemand die beter dan hij voldeed aan de definitie van schrijver Ernest Hemingway: 'Moed is sierlijk optreden onder hoge druk.' In de virtuoze biografie *Franklin Delano Roosevelt, koning van Amerika*, heeft de Leidse amerikanist Alfons Lammers juist die lichtvoetigheid zo fraai over het voetlicht gebracht.

Roosevelt begreep als geen ander het belang van het begrip 'drama' om een presidentschap tot een succes te maken. De fantasie van de Amerikanen prikkelen vanuit het Witte Huis blijft van groter belang dan het prikkelen van de economie. Roosevelt was dol op mensen, vond het plezierig om verantwoordelijkheid te dragen en hij vond het heerlijk om president te zijn.

Zijn beeld van het ambt was het beeld dat hij van zichzelf had, heeft auteur Richard Neustad gezegd. Hij was gespeend van de melancholie die anderen doet klagen over de lasten van het presidentschap. Met zijn beschrijving van de verkiezingscampagne van 1936, toont Lammers aan dat Roosevelt, die hij in een eerdere fase van diens bestaan een 'matinee-idool' had genoemd, een groot acteur was.

Praten met zijn intimi, zoals tijdens het 'kinderuurtje' – lees: het borreluur – waarvoor de president zelf de cocktails mixte, was zijn geliefkoosde vorm van ontspanning. Hij genoot er intens van om zijn verhalen steeds maar weer te vertellen. Maar hij kon ook ontwijkend zijn. De roerselen van zijn ziel bleven verborgen, zelfs voor een van zijn 'grote liefdes', kroonprinses Martha van Noorwegen.

Ondanks de schijn van het tegendeel had hij geen talent voor intimiteit. Hij werd vaak sluw genoemd. Roosevelt kon ook zeer koppig zijn. *'He had his Dutch up,'* werd gezegd wanneer hij niet bereid was tot concessies. Dat wilde zeggen: hij was net zo koppig als de bewoners van het land van zijn voorouders.

Ook dankbaarheid was niet zijn sterkste kant. Dit bleek bijvoorbeeld door zijn gebrek aan belangstelling bij de langdurige ziekte van Marguerite 'Missy' LeHand, zijn secretaresse, die idolaat van hem was. In de loop der jaren, terwijl Eleanor de wijde wereld introk om die te verbeteren, had 'Missy' steeds meer de functie van 'echtgenote' overgenomen.

Ook in fysieke zin wellicht. Eleanor en Franklin hadden samen zes kinderen gekregen, van wie er één jong was gestorven. Maar nu sprak Eleanor over seks als 'een beproeving die moet worden doorstaan'. In die opvatting was ze in 1918 waarschijnlijk gesterkt toen ze een bundeltje liefdesbrieven had gevonden van haar eigen voormalige secretaresse, Lucy Mercer, gericht aan Franklin. Het kwam bijna tot een echtscheiding.

Franklin beloofde om Mercer nooit meer te zien en het huwelijk bleef ook in stand doordat Sara, de uiterst dominante moeder van de president, dreigde de geldkraan dicht te draaien als het tot een scheiding zou komen. In dat geval had hij zijn presidentiële aspiraties kunnen vergeten.

Die belofte om Lucy nooit meer te zien, brak hij ruim twintig jaar later, aan het begin van de oorlog, met behulp van zijn oudste dochter en oogappel, Anna. Onder de schuilnaam Mrs. Johnson, bedoeld om Eleanor om de tuin te leiden, werd Lucy regelmatig de verblijven van de president binnengesmokkeld.

Zelfs op de dag dat de president stierf, was Lucy, samen met een vriendin die een portret van hem maakte, bij hem in Georgia. Van al die miljoenen gezichten die de president in de loop van zijn leven aan zich voorbij had zien trekken, was dat van Lucy een van de drie laatste waarop zijn blik zou rusten. De zaak werd 'verraden'. Eleanor was wederom dodelijk verwond en riep Anna ter verantwoording. Toch had ze de grootheid om het onvoltooide portret aan Lucy te geven toen dat later opdook.

Wat vonden Nederlandse waarnemers van de president? Aan de vooravond van Roosevelts eerste inauguratie in 1933 had de Nederlandse gezant Jan Herman van Roijen de volgende appreciatie naar Den Haag geseind: 'De aanstaande president is iemand die de slag heeft over alles met enige kennis van zaken te spreken en dikwijls veel goedklinkends te verkondigen dat later, op de keper beschouwd, niet altijd het gewicht blijkt te hebben dat men eerst daaraan heeft gehecht. Hij geniet *du prestige de son grand nom.*'

Halverwege de jaren dertig deed de schrijfster Jo van Ammers-Küller verslag van het bezoek dat zij voor *De Telegraaf* aan Roosevelt had gebracht in Hyde Park in diens huis aan de Hudson. Zij zag hoe twee sterke jongemannen hem op hun ineengestrengelde handen binnendroegen, terwijl hij zijn armen om hun schouders had geslagen.

Het was een toneel dat slechts weinigen te zien kregen, merkt Lammers op. In het openbaar, tijdens Conventies van zijn Democratische Partij bijvoorbeeld, of tegenover buitenstaanders, deed Roosevelt heroïsche pogingen om er, ondanks zijn handicap en met zijn bijzonder knappe voorkomen zo normaal mogelijk uit te zien.

Bij zijn eerste inauguratie op 4 maart 1933 was Amerika in een diepe crisis gedompeld. In Europa klonk de trom van het fascisme steeds luider. De president beloofde zijn land *A New Deal*: de overheid zou voortaan, tegen alle tradities in, stevig ingrijpen in de economie. 'Het enige wat wij te vrezen hebben, is vrees zelf,' riep hij uit.

Tegenwoordig is deze uitspraak een bijna net zo groot cliché geworden als de 'Amerikaanse Droom', waarmee vrijwel iedere politicus telkens komt aanzetten. Maar toen klonk het opzienbarend, ook al omdat de Amerikanen wisten hoe manhaftig de president tegenover zijn eigen ziekte stond.

Overigens is het goed mogelijk dat juist de polio, die zich in 1921 manifesteerde, Roosevelt, die tijdens zijn gewatteerde jeugd alle trekken van een flierefluiter vertoonde, de diepgang heeft verschaft om een groot president te worden.

Geboren op 30 januari 1882, als zoon van een bankier in Hyde Park, New York, bezocht de jonge Franklin de elitekostschool Groton en ging vervolgens naar Harvard. Daar was hij een matige student, maar wel hoofdredacteur van het prestigieuze studentenblad *The Crimson*.

In de vakanties reisde hij met zijn ouders vaak naar Europa of naar een van de buitenhuizen waarover de familie, zelfs tot in Canada toe, kon beschikken. In 1905 trouwde hij met zijn verre achternicht Eleanor Roosevelt. Zij werd 'weggegeven' door haar oom Theodore Roosevelt, die toen president was. 'Een prima manier om de naam in de familie te houden,' ginnegapte de president.

Hoewel Franklin Roosevelt nooit is afgestudeerd, haalde hij wel het toelatingsexamen voor de New Yorkse balie. Maar de advocatuur vermocht hem geen moment te boeien. Na een korte periode als lid van het deelstaatparlement en een vruchtbare zeven jaar (1913-1920) als onderminister van de Marine, veroverde Roosevelt in 1928 het gouverneurschap van de staat New York. Een fraaie springplank naar het Witte Huis, zoals het dat ook voor oom Theodore was geweest. Als gouverneur verwierf Roosevelt zich een uitstekende, progressieve reputatie. In de herfst van 1932 verjoeg hij de zittende president Herbert Hoover uit het Witte Huis. Daar zou hij tot zijn dood (1945) blijven wonen.

De bijzondere duur van zijn presidentschap werd mede bepaald door de oorlogsomstandigheden. Na de oorlog werd bepaald dat iemand niet langer dan twee termijnen van vier jaar president kan zijn. Voor Europa en de rest van de wereld zijn de laatste vijf jaar van Roosevelts presidentschap letterlijk van levensbelang geweest.

Roosevelt had aanvankelijk de grootste moeite om het Amerikaanse volk bij de oorlog te betrekken. Na de verraderlijke aanval van de Japanse luchtmacht op de Amerikaanse vloot in Pearl Harbor (7 december 1941) lukte dat veel beter.

De Verenigde Staten waren bij het uitbreken van de oorlog een tweederangs militaire mogendheid. Door de bezieling van Roosevelt lukte het om de ongekende potentie van de industrie te mobiliseren. In Detroit werden de autofabrieken omgebouwd voor de fabricage van tanks. Anders dan het Bijbelwoord wil, werden de ploegscharen als het ware weer tot zwaarden omgesmeed. Het Witte Huis leek tijdens de oorlog wel een hotel. Roosevelt onderhield goede banden met het Nederlandse Koninklijk Huis; prinses Juliana kwam vanuit Ottawa geregeld op bezoek en prinses Margriet werd zijn petekind. Op 6 augustus

1942 droeg de president een torpedobootjager bestemd voor de Nederlandse marine over aan koningin Wilhelmina. Een andere regelmatige gast was Hendrik Willem van Loon, een in Amerika wonende Nederlandse journalist en schrijver die met de president correspondeerde.

Tussen 1940 en 1945 leverden de Verenigde Staten driehonderdduizend vliegtuigen voor de geallieerde zaak. Een andere grote verdienste van Roosevelt was dat hij zijn militaire commandanten nooit een opdracht gaf om daarmee zelf politiek goede sier te kunnen maken. Zo was het de Democraten bij de tussentijdse verkiezingen in 1942 ongetwijfeld goed uitgekomen als de invasie van Noord-Afrika enkele dagen eerder had plaatsgehad. Maar Roosevelt piekerde er niet over om generaal Dwight D. Eisenhower (die in 1953 president werd) te gelasten de inval een weekje te vervroegen.

Roosevelt bracht het op om, zo ziek als hij was, aan het einde van de oorlog samen met Churchill naar Jalta en Teheran te reizen met het doel om met Sovjet-dictator Jozef Stalin te overleggen wat er met de wereld moest gebeuren wanneer de kanonnen eenmaal zouden zwijgen.

Er waren ook smetten op het blazoen. Van het lot van de Joden heeft Franklin noch Eleanor zich ooit veel aangetrokken. Loyale staatsburgers van Japanse afkomst werden ver van de kust geïnterneerd. En toen het Hooggerechtshof sommige wetten van de *New Deal* nietig verklaarde, heeft Roosevelt (tevergeefs) geprobeerd het Hof uit te breiden met geestverwanten.

Maar toen Roosevelt op 12 april 1945, 63 jaar oud, in Warm Springs dodelijk was getroffen door een hersenbloeding, twijfelde vrijwel niemand eraan dat met hem een van de grootste mannen van die eeuw was verdwenen.

Roosevelt, die koningin Wilhelmina, kroonprinses Juliana en de prinsessen dikwijls op het Witte Huis had ontvangen, was van plan geweest om die zomer via Londen naar Nederland te reizen.

Op 26 september dat jaar vermeldde Eleanor Roosevelt in

haar dagelijkse column *My Day*, die in honderden bladen verscheen, dat de Nederlandse minister van Buitenlandse Zaken dr. Eelco Nicolaas van Kleffens haar in haar appartement in New York had opgezocht om haar de postuum aan haar man toegekende Militaire Willemsorde te overhandigen.

Churchill zei later dat een ontmoeting met Roosevelt, met al diens sprankeling, zijn iriserende persoonlijkheid en zijn elan, deed denken aan het openen van je eerste fles champagne.

Eenvoudig en van een onverwoestbaar optimisme

Er bestaat een foto uit februari 1945 van Lauren Bacall, die zich met haar lange benen heeft neergevlijd op een piano. Achter de toetsen zit Harry S. Truman, toen vicepresident en een begaafd amateurpianist. Zij traden samen op om de troepen te vermaken.

Truman, die al op jonge leeftijd in Kansas City met de Poolse pianist-politicus Ignacy Jan Paderewski in aanraking was gekomen, placht te zeggen dat hij destijds had moeten kiezen tussen een loopbaan als pianist in een hoerenkast of een carrière als politicus. Inmiddels was hij erachter gekomen hoe weinig verschil er tussen beide milieus bestond.

Twee maanden na dat optreden met Bacall stond deze opgewekte en altijd eenvoudig gebleven man voor de grootste vuurproef van zijn leven. Op 12 april 1945, om vijf voor half zes 's middags, vertelde Eleanor Roosevelt, terwijl zij een arm om hem heen sloeg, dat de president was gestorven. 'Is er iets wat ik voor je kan doen?' vroeg Truman na een lange stilte. 'Nee, Harry, is er iets wat wij voor jou kunnen doen?' zei ze. 'Want jij bent degene die in de problemen zit.'

De volgende dag, op de eerste persconferentie in zijn nieuwe ambt, had de president tegen wil en dank lachend tegen de journalisten geroepen: 'Jongens, als jullie ooit bidden, bid dan nu voor mij.'

Als Truman president kan zijn, dan kan mijn buurman het ook, was het wijdverbreide gevoel in het land. De geschiedenis

zou anders leren. Zijn onverwoestbare optimisme mocht Truman dan met Roosevelt delen, niemand zou ooit op het idee zijn gekomen om de aristocratische halfgod Roosevelt met zijn buurman te vergelijken. In zijn eerste toespraak tot het Congres zei Truman dat het de verantwoordelijkheid van een grote natie is om de wereld te dienen en niet om haar te domineren.

Die wereld liet hem geen ogenblik met rust. De oorlog woedde nog op vele fronten. De verhouding met de Sovjet-Unie, formeel een bondgenoot, verslechterde met de dag, onder meer doordat Jozef Stalin zich niet hield aan de afspraken over Polen, die in Jalta waren gemaakt.

Op de topconferentie van de Grote Drie in Potsdam, in de zomer van 1945, concludeerde Winston Churchill tot zijn grote opluchting dat hij Truman schromelijk had onderschat. Terwijl Truman op de *USS Augusta* de terugreis naar Amerika maakte, voerde hij druk overleg over de inzet van het atoomwapen. Dat was een nieuwe troef in het Amerikaanse arsenaal waarover Franklin Delano Roosevelt hem nooit had ingelicht.

Uit notities waar zijn biograaf Robert Ferrell de hand op wist te leggen, blijkt dat Truman zich ervan bewust was dat het gebruik van het atoomwapen het einde van de wereld kon betekenen, al hadden de Amerikanen voorlopig het monopolie. Toch gaf de president de opdracht tot het afwerpen van *Little Boy* boven Hiroshima, om het verlies van Amerikaanse soldatenlevens te voorkomen. Voor het gooien van de tweede bom op Nagasaki hebben de militairen niet eens apart zijn toestemming gevraagd.

Harry Truman werd op 8 mei 1884 geboren in Lamar, Missouri, waar zijn vader veehandelaar was. Toen Harry zeven jaar oud was, ontmoette hij enkele straten van zijn huis in Independence Elizabeth 'Bess' Wallace, die één jaar jonger was dan hij. Ze zouden hun hele leven *sweethearts* blijven.

Uit dit huwelijk werd in 1924 als enige kind hun dochter Margaret geboren. Zij had een weinig opvallende carrière als sopraan. Tijdens het presidentschap van haar vader trad Margaret eens op in Constitution Hall, met haar trotse ouders onder de drieduizend toehoorders. Haar vader, die verder immuun was voor kritiek, trof de volgende morgen een vernietigende recensie aan in *The New York Times*. Trillend van woede schreef Truman de recensent een brief, waarin hij hem waarschuwde dat wanneer zij elkaar ooit zouden ontmoeten de man een nieuwe neus nodig zou hebben.

Truman was vrij klein van stuk. Hij was erg bijziend en moest al vroeg een bril dragen. Zijn hele leven liep hij elke ochtend 2 mijl met snelle tred (128 passen per minuut). Als Senator (1935-1945) kwam hij, altijd in maatpak, steevast voor op de lijst van de tien best geklede Senatoren.

Aan het einde van de Eerste Wereldoorlog voerde Truman

het bevel over een artillerieregiment. Zijn mannen, die hem op handen droegen, bleven vrienden voor het leven. Na terugkeer zette hij samen met zijn vriend Eddie Jacobson in Kansas City een herenmodezaak op. De zaak ging in 1922 ten onder. Maar het was Trumans eer te na om zich failliet te laten verklaren. Hij was dus nog twintig jaar bezig om de schulden tot de laatste dollarcent af te betalen.

Zijn politieke start maakte hij onder de hoede van de als corrupt bekendstaande Democraat Tom Pendergast in Kansas City. Van Truman zelf zijn weinig onfrisse praktijken bekend. Nadat Truman de oorlog tot een goed einde had gebracht, was de vrede naar zijn zeggen een hel voor hem. Stakingen waren niet van de lucht en zijn populariteit bewoog zich rond de 30 procent. Toch kon hij bogen op een groot aantal wapenfeiten, zoals de hulp aan Griekenland en Turkije (de geboorte van de Trumandoctrine: Amerika helpt landen hun vrijheid te verdedigen), de Marshallhulp, de luchtbrug naar Berlijn en de oprichting van de NAVO. Toch bleven leidende Republikeinen maar insinueren dat Roosevelt en Truman Oost-Europa en China aan de communisten hadden verkwanseld. Senator Joseph McCarthy organiseerde een heksenjacht tegen communisten in eigen land.

Erkenning kwam uit het buitenland. Winston Churchill, die in 1950 in Washington op bezoek was, zei over hun eerste ontmoeting in Potsdam (1945): 'Ik had er ontzettend de pest over in dat u de plaats van Roosevelt had ingenomen. Maar nu zie ik in dat u meer dan wie ook hebt gedaan om de westerse beschaving te redden.'

De oorlog in Korea, die in 1950 uitbrak, werd een benauwde remise. Geruchtmakend was de wijze waarop Truman in april 1951 de hoogste militair in Azië, de populaire generaal Douglas MacArthur, ontsloeg wegens insubordinatie.

Binnenslands won Truman, tegen alle verwachtingen in, glorieus van Thomas E. Dewey bij de presidentsverkiezingen van 1948.

In 1952 ontving Truman uit handen van koningin Juliana een carillon waarmee het Nederlandse volk zijn dankbaarheid betuigde aan het Amerikaanse voor de steun in de oorlogsjaren. Bij hetzelfde bezoek sprak de Koningin het Congres toe. Haar tamelijk pacifistische tekst had haar ernstig in conflict gebracht met het Nederlandse kabinet.

Later dat jaar besloot Truman om niet nog eens mee te doen met de presidentsverkiezingen, een besluit waarvan hij spoedig spijt had. Truman miste het presidentschap al snel. Bij zijn dood, op 26 december 1972 in Kansas City, zei een van zijn oude artilleristen: 'Kapitein Harry had een paar favorieten. Ik hoorde er niet bij. Maar hij was wel mijn favoriet en zal dat altijd blijven ook.'

De generaal die
D-Day leidde

Generaal Dwight D. Eisenhower, in de wandeling Ike genoemd, liet zich graag inspireren door Napoleons definitie van een militair genie: 'Een man die de kunst verstaat om de gewone dingen te blijven doen, terwijl zijn omgeving gek wordt.'

In het aardige boekje *General Ike* schrijft zijn zoon John dat zijn vader dat vermogen om te blijven functioneren in een heksenketel nergens zo duidelijk heeft getoond als bij de geallieerde landingen op Normandië.

De operatie *Overlord* was oorspronkelijk voorzien voor 5 juni 1944, maar werd ter elfder ure door Ike afgelast wegens het barre weer. De hele armada van landingsvaartuigen bleef in de Britse havens liggen.

Voor de volgende dag waren de weersvoorspellingen niet veel beter, maar omdat anders vanwege het tij veertien dagen had moeten worden gewacht voor een nieuwe poging, besloot Ike het er toch op te wagen. Hij had zijn toespraak voor het geval dat het mis mocht gaan in zijn borstzakje. Maar D-Day werd een dag van onvergankelijke glorie.

Dwight David Eisenhower werd in de nacht van 14 oktober 1890 geboren in een huurkamer bij het spoor (waar zijn vader werkte) in Denison, Texas. Spoedig verhuisde het gezin, dat zes zonen telde, naar Abilene in het oosten van Kansas. Als scholier onderscheidde Ike zich door een komische weergave van Shylocks knecht, Gobbo, in *De koopman van Venetië* van Shakespeare.

Te oud voor de Marine Academie studeerde Ike van 1911 tot 1915 aan West Point, de elite-opleiding voor de landmacht. Zijn moeder, een overtuigde pacifiste, had gehuild toen haar zoon zich daar liet inschrijven.

Op West Point was Ike maar een matige student. In 1916 trouwde de jonge officier, toen 25 jaar oud, met Marie 'Mamie' Geneva Doud, de negentienjarige dochter van een welgestelde vleesverpakker.

De wedde van de militairen was in die tijd bijzonder laag. Mamie doorstond manmoedig de zwerftocht langs 27 (!) verschillende legerbases in binnen- en buitenland, totdat Ike en zij in 1953 in het Witte Huis belandden.

Eisenhower had een rond gezicht met blauwe ogen. Befaamd was zijn ontwapenende 'Eisenhower-grijns'. Vriend en vijand waren het erover eens dat Ike een prettige en fatsoenlijke man was die gemakkelijk het respect en vertrouwen van anderen won. Ike wilde graag dat de mensen van hem hielden.

In 1940 waren de ambities van Ike nog zeer bescheiden: hij hoopte het commando over een regiment te krijgen. Meer niet. Toen Eisenhower op 7 mei 1945 vanuit Reims aan Washington rapporteerde dat de geallieerde missie om de Duitse krijgsmacht te vernietigen was volbracht, was hij als vijfsterrengeneraal de hoogste Amerikaanse militair in Europa.

Of Eisenhower naast zijn talloze wapenfeiten ook nog een amoureuze verovering op zijn naam heeft staan, blijft onduidelijk. Zeker is dat hij een bijzondere band onderhield met de Ierse Kay Summersby (in 1942 34 jaar oud), zijn chauffeur.

In haar boek *Eisenhower Was My Boss* noemt Summersby de affaire niet. Maar de titel van haar latere publicatie, *My Love Affair with Dwight D. Eisenhower* (die in 1975 verscheen; de auteur was toen stervende aan kanker), laat weinig te raden over.

Op 6 oktober 1945 kwam generaal Eisenhower in Den Haag aan voor een bezoek aan dankbaar Nederland. Hij reisde met een trein die Hitler had toebehoord. Dagblad *Het Vaderland* beschreef hem als een figuur van wereldformaat, 'die vaak met een voor soldaten ongewone vaardigheid uitdrukking geeft aan de beste hoop voor samenwerking tussen de naties'. In november 1945 keerde Ike naar Amerika terug en volgde hij generaal George Marshall op als stafchef van het leger. Summersby heeft hij nooit meer teruggezien.

Drie jaar later werd Ike voorzitter van de Columbia University, een milieu dat hem vreemd was. Zowel de Democraten als de Republikeinen polsten hem tevergeefs of hij hun kandidaat voor het presidentschap wilde zijn

In 1951 vertrok Ike weer naar Europa, ditmaal om het militaire oppercommando van de juist opgerichte NAVO op zich te nemen. In juli 1951 was hij op vliegbasis Ypenburg aanwezig voor de overdracht van de eerste F-84G Thunderjets aan de Nederlandse luchtmacht. In 1947 had koningin Wilhelmina bij een goudsmid in Utrecht een met juwelen bezaaid zwaard voor hem laten maken.

Zijn periode bij de NAVO was van korte duur, want de Republikeinen wisten Eisenhower uiteindelijk voor hun karretje te spannen. In november 1952 versloeg hij met 55 procent van de stemmen de Democraat Adlai Stevenson in de race om het Witte Huis.

Mede doordat hij achter de Rose Garden graag met zijn golfclubs in de weer was, is het beeld ontstaan van Eisenhower als een luie president. Dat beeld klopt niet, want zeker op het gebied van de buitenlandse betrekkingen was Ike zeer actief. Allereerst bracht hij de oorlog in Korea tot een einde. 'Trumans oorlog' werd 'Ikes vrede'. In 1954 vergeleek Ike de landen van Zuidoost-Azië met een rij dominostenen. Als er één viel door communistische agressie, dan zouden zij allemaal vallen. De befaamde 'dominotheorie' was geboren.

Twee jaar later steunde hij Parijs, Londen en Jeruzalem niet bij hun militaire actie tegen president Gamal Abdel Nasser van Egypte ten tijde van de Suezcrisis. Die viel samen met de Hongaarse opstand en met de herverkiezing van Eisenhower zelf. Tot grote teleurstelling van miljoenen Hongaren zag Ike in dat hun land te zeer verankerd was in de Russische invloedssfeer om te kunnen ingrijpen zonder een atoomoorlog te ontketenen.

Binnenslands droeg Eisenhower bij aan de val van communistenjager Senator Joseph McCarthy. En toen in september 1957 de gouverneur van Arkansas zich verzette tegen de toelating van zwarte kinderen op een school in Little Rock, zond Ike federale troepen om die toegang af te dwingen.

Eisenhower was de grondlegger van het systeem van de *Interstate*-autowegen door het hele land.

Zijn laatste topconferentie met de Sovjetleider Nikita Chroesjtsjov, die gepland stond voor mei 1960, werd door het Kremlin afgelast nadat de Sovjets twee weken eerder een

Amerikaans spionagevliegtuig hadden neergehaald. In zijn afscheidstoespraak op 17 januari 1961 waarschuwde de oud-militair Eisenhower tegen het gevaar van een almaar uitdijend 'militair-industrieel complex'.

Na het presidentschap trok Eisenhower zich terug op zijn boerderij in Gettysburg. Geplaagd door hartproblemen stierf deze generaal aan wie Europa zoveel heeft te danken op 28 maart 1969 in het Walter Reed Ziekenhuis in Washington.

Hij was 79 jaar oud geworden. Volgens zijn enige zoon John waren zijn laatste woorden: 'Ik wil gaan, God neem mij.'

Creativiteit op de rand
van de afgrond

156 Zaterdag 27 oktober 1962 was ongetwijfeld de belangrijkste dag uit het presidentschap van John Fitzgerald Kennedy. De Cubacrisis was bezworen, de aarde kon doorgaan met draaien. Dagenlang had de militaire top ervoor gepleit om de Russische raketten op Cuba weg te bombarderen. De president, die wist dat dit tot de eerste en tegelijk laatste atoomoorlog met de Sovjet-Unie zou leiden, had dit advies naast zich neergelegd.

Met grote helderheid van geest en inventiviteit was hij blijven zoeken naar een minder catastrofale oplossing. Op een cruciaal moment had hij van zijn grote tegenspeler Nikita Chroesjtsjov vanuit Moskou vlak achter elkaar twee telegrammen ontvangen. Het eerste was relatief mild van toon, het tweede buitengewoon dreigend. Kennedy besloot het laatste telegram te negeren en op het eerdere te reageren. Creativiteit op de rand van de afgrond.

Uiteindelijk werkte de maritieme blokkade – zoveel minder ingrijpend dan een bombardement – en maakten de Russische schepen met nieuwe raketten aan boord 800 kilometer uit de Cubaanse kust rechtsomkeert. De roemruchte commentator Walter Lippman prees Kennedy dat hij niet alleen de moed van een krijgsheer had getoond door de risico's te nemen die nodig waren, maar ook de wijsheid van een staatsman door zijn macht ingetogen te gebruiken. Het weekblad *The New Yorker* sprak van 'wellicht de grootste diplomatieke overwinning van welke president ook in onze geschiedenis'.

De raketcrisis maakte duidelijk dat Kennedy de eerste

president was die te maken had met een tegenstander die het vasteland van Amerika ernstige schade kon toebrengen sinds de oorlog tegen de Engelsen van 1812.

Cuba heeft John F. Kennedy de 1.037 dagen dat zijn presidentschap duurde als een molensteen om zijn nek gehangen. In april 1961, drie maanden na zijn aantreden, mislukte een door de CIA gesteunde invasie van Cubaanse ballingen. De Varkensbaai, waar ze door getrouwen van de Cubaanse dictator Fidel Castro in de pan werden gehakt, werd synoniem voor een Amerikaans echec.

Het fiasco ondermijnde ook de onderhandelingspositie van de jonge, onervaren president toen hij kort daarna voor het eerst de door de wol geverfde partijleider Nikita Chroesjtsjov in Wenen ontmoette. De geheime pogingen van Amerikaanse kant om door middel van een moord van Castro af te komen, liepen steeds dood.

John F. Kennedy werd op 29 mei 1917, met een zilveren lepel in de mond, geboren in Brookline bij Boston, als tweede kind van Joe en Rose Kennedy. Joe, die met de handel in drank een van de grootste fortuinen van Amerika had vergaard, werd in 1938 Franklin Delano Roosevelts ambassadeur in Londen en stond welwillend tegenover Hitler en later tegenover communistenjager Joseph McCarthy. De patriarch was een groot rokkenjager.

Toch waren de katholieke Kennedy's in het protestantse Boston in sociaal opzicht *outcasts*. Joe en Rose hadden negen kinderen, van wie een meisje geestelijk gehandicapt was en er twee op vroege leeftijd stierven. De anderen hielden ze voor dat het in het leven maar om één ding gaat: winnen. Vader Joe schonk ieder kind bij de geboorte 1 miljoen dollar om dat winnen wat makkelijker te maken.

Kennedy's gedrag in de Tweede Wereldoorlog was voorbeeldig. In augustus 1943 werd de kleine torpedoboot (de PT 109) waarvan hij commandant was, bij de Solomon Eilanden door de Japanners tot zinken gebracht. Kennedy, die toen al last had van zijn rug, zwom vele kilometers van Plumpudding Eiland naar Kolombangara en terug om zijn bemanning te redden. Een van hen is toch omgekomen. Met diens weduwe bleef Kennedy tot aan het einde van zijn leven contact houden. Een artikel in *Reader's Digest* over deze ontberingen maakte van Kennedy een nationale held.

In 1946, hij was toen 29 jaar oud, werd de Democraat uit Massachusetts gekozen in het Huis van Afgevaardigden. Net zomin als later in de Senaat zou Kennedy uitgroeien tot een prominent parlementariër.

Medisch gesproken ging het met Kennedy niet goed. Bij hem was de ziekte van Addison geconstateerd. 'Jack heeft nog een jaar te leven,' zei een bevriende arts. Met grote moed heeft

Jack (de namen John en Jack worden door elkaar gebruikt) zijn ernstige kwalen altijd voor de buitenwereld verborgen gehouden. Een van zijn eerste boeken heet *Profiles in Courage*. Het gaat over acht Amerikaanse politici die zich dapper hebben gedragen. Overigens omkleedde hij zijn kwalen met een waas van geheimzinnigheid. Dat was nodig om zijn politieke kansen niet te verspelen.

En ze hadden kennelijk geen invloed op zijn libido. Misschien brachten zijn talloze amoureuze escapades ('Als ik drie dagen geen vrouw heb gehad, krijg ik hoofdpijn,' zei hij zelf) hem zelfs wel verlichting. In zijn fraaie boek *John F. Kennedy: a Biography* noemt Michael O'Brien meer dan twintig vrouwen van Kennedy bij naam. Jack Kennedy was een bijzonder aantrekkelijke man. In een opiniepeiling eindigde hij als eerste boven filmster Rock Hudson. Bovendien was Kennedy, zoals zijn medestudenten op Harvard al hadden vastgesteld, *'fun to be with'*. Dan was er het bedwelmende middel van de macht. Als president zat hij goed in zijn vel. Kortom, een onweerstaanbare combinatie.

De pers, waarmee Kennedy een goede verstandhouding had, bewaarde over dit alles het stilzwijgen, ondanks het feit dat de liefjes van de president soms wel degelijk de staatsveiligheid bedreigden. Dat was bijvoorbeeld het geval toen Kennedy het bed deelde met Judith Campbell Exner, die hem door Frank Sinatra was toegespeeld. Exner bleek ook intieme betrekkingen te onderhouden met Sam Giancana, een van de belangrijkste gangsters van het land.

Die adoratie van vrouwen werd vaak ook in het openbaar beleden. 'De liefde bedrijven ten overstaan van veertig miljoen televisiekijkers,' zo beschreef een columniste het verjaarsliedje dat Marilyn Monroe, ingenaaid in haar jurk als een tarbot in zijn vel, in mei 1962 voor de president zong in Madison Square Garden in New York.

In 1958 had Kennedy op het jaarlijkse Gridiondiner, waar politici worden geacht de draak met zichzelf te steken (hij had

124 grappen met zijn staf uitgeprobeerd), een telegram uit zijn zak gehaald en voorgelezen: 'Koop geen stem méér dan strikt noodzakelijk is. Ik heb geen zin om een massale overwinning te financieren. Was getekend: Vader.'

Zijn gehoor brulde van het lachen. Bij de verkiezingen van november 1960 won Kennedy met een klein verschil aan stemmen van Richard Nixon. Vaststaat dat de Democraten in Illinois, waar de burgemeester van Chicago, Richard Daley, zonodig vanaf het kerkhof stemmen kon leveren, hebben geknoeid. Van beslissende invloed is dat niet geweest omdat Kennedy in het kiescollege een ruime meerderheid had. Kennedy was de eerste katholiek en de eerste Amerikaan van Ierse afkomst in het Witte Huis.

De Texaan Lyndon Johnson werd min of meer per ongeluk vicepresident. Kennedy had de Democratische fractieleider in de Senaat niet willen passeren, maar niet verwacht dat deze het aanbod zou accepteren. Johnson haatte het ambt. En Johnson haatte de wereldwijsheid van de broers Kennedy zo mogelijk nog meer. 'Het opstellen van zoiets onschuldigs als een verjaarstelegram aan mijn paranoïde en hypergevoelige vicepresident vergt de zorgvuldigheid van een staatsstuk,' zei de president.

Kennedy verzamelde een team om zich heen dat door de journalist David Halberstam in zijn boek *The Best and the Brightest* is beschreven. Een van de belangrijkste leden van het kabinet was minister van Justitie Robert (Bobby) Kennedy, een broer van de president. Uiteraard leidde dat besluit tot het verwijt van nepotisme. Toen Bill Bradlee, goede vriend en journalist van *Newsweek,* hem vroeg hoe hij die benoeming van zijn broer wereldkundig dacht te maken, was het antwoord: 'Ik doe 's nachts om twee uur de deur van mijn huis in Georgetown voorzichtig open, kijk of er niemand op straat loopt en fluister dan: "Het is Bobby."'

Vroeg in zijn presidentschap (april 1961) ontving Kennedy prins Bernhard terwijl tegelijkertijd president Soekarno van

Indonesië op bezoek was. Deze laatste was volgens Kennedy bijna bezeten van het onderwerp Nieuw-Guinea.

Een van de belangrijkste kwesties in het begin van de jaren zestig was die van de burgerrechten voor de zwarte bevolking. De president betoonde zich aanvankelijk zeer aarzelend. Hij wist dat hij met een toegeeflijke houding ten opzichte van de zwarten de gunst van miljoenen blanke Democratische kiezers in het Zuiden dreigde te verspelen.

Deze houding mishaagde de zwarte voorman dr. Martin Luther King. In het weekblad *The Nation* schreef King: 'De president heeft een tienjarenplan voorgesteld om een man op de maan te brengen, maar we hebben nog niet eens zo'n plan om een neger in het deelstaatparlement van Alabama te doen verkiezen.'

Maar het was in hetzelfde Alabama dat Kennedy in juni 1963 eindelijk kracht en overtuiging toonde in een confrontatie met gouverneur George Wallace over de toelating van zwarte studenten tot de universiteit. De televisietoespraak die hij bij die gelegenheid hield, behoorde tot de beste van zijn president-schap.

Een ander hoogtepunt vormde diezelfde maand Kennedy's bezoek aan Berlijn. Twee jaar eerder had hij de crisis die Chroesjtsjov rond die gespleten stad had geforceerd, bekwaam het hoofd geboden. Nu kwam hij zijn verbondenheid betuigen met de woorden: *'Ich bin ein Berliner.'*

Een wapenfeit was zeker ook het akkoord met de Sovjet-Unie over het verbod op atoomproeven. Waar het niet goed ging, was in Vietnam. Z'n voorganger Dwight D. Eisenhower had daar enkele tientallen militaire adviseurs naartoe gestuurd. Bij de dood van Kennedy waren dat er bijna zeventienduizend. Velen van hen vochten mee aan de kant van het leger van Zuid-Vietnam. In Washington begrepen functionarissen als minister van Defensie Robert McNamara niet dat het Vietnamese nationalisme een veel sterkere drijfveer voor de Vietcong vormde dan het communisme.

De Kennedy's waren in de wereld ongekend populair. Jacqueline Bouvier, de tamelijk nukkige vrouw van de president, deed met haar pillendooshoedjes en haar goede Frans zelfs het ijzige hart van de Franse president Charles de Gaulle smelten. 'Ik ben de man die Jacqueline Kennedy naar Parijs begeleidt,' zei de president bij zijn staatsbezoek aan Frankrijk. Doordat Kennedy zich in Afrika duidelijk had gekant tegen de koloniale machthebbers (zoals hij in de Nieuw-Guinea-kwestie stelling nam tegen Nederland) werd hij daar op handen gedragen. In West-Europa sprak hij zelfs tot de verbeelding van linkse jongeren.

De dodelijke schoten die Lee Harvey Oswald op 22 november 1963 om half een 's middags vanuit het gebouw van de Texas Book Depository op hem afvuurde, maakten Kennedy tot een mythe. Hij was 46 jaar.

De vrouw van de gouverneur van Texas had juist tegen hem gezegd: 'Mijnheer de president, u kunt niet zeggen dat Dallas niet van u houdt.'

'Ja, dat is zonneklaar,' zei de president.

Het waren zijn laatste woorden.

Netwerker onder
de douche

Vicepresident Lyndon Johnson, die zelf uit Texas kwam, reed twee auto's achter die van president John F. Kennedy toen die op 22 november 1963 in Dallas, Texas werd doodgeschoten. Om 14.39 uur diezelfde middag legde Johnson de presidentiële eed af op het vliegveld Dallas Love Field aan boord van de Air Force One. Tot hen die de geïmproviseerde plechtigheid bijwoonden, behoorden zijn echtgenote 'Lady Bird' en Jacqueline Kennedy, met de bloedspetters nog op haar roze pakje.

Johnson was de duizend dagen daarvoor vicepresident geweest. Hij had altijd gevonden dat de nominatie voor het presidentschap in 1960 hem – 'De Meester van de Senaat', zoals biograaf Robert Caro hem noemde – had behoren toe te vallen. En niet aan die jonge, weinig presterende Senator uit Massachusetts.

Aan zijn positie van nummer 2 had Johnson geen enkel plezier beleefd. 'Het vicepresidentschap is gevuld met reisjes rond de wereld, chauffeurs, saluerende militairen, klappende mensen, en voorzitterschappen, maar uiteindelijk is het niets. Ik heb elke minuut gehaat.'

Nog in november 1963, enkele weken voor de moord op de president, had Johnson Nederland bezocht. In Amsterdam opende hij een tentoonstelling over Amerikaanse voedingsmiddelen. Met president Kennedy was zijn verhouding goed geweest. Dat gold minder voor zijn relatie met de *eggheads*, de knappe koppen van elite-universiteiten met wie Kennedy zich had om-

ringd. Johnson had een kolossaal minderwaardigheidscomplex. Opscheppen was misschien daarom bijna een levensbehoefte voor hem.

Zo was Johnson er erg trots op dat hij de eerste Senator was met een telefoon in zijn auto. Kort daarop kreeg Everett Dirksen, de oppositieleider, er ook een. Toen Dirksen zijn collega in diens auto opbelde om hem dat te vertellen, zei Johnson zonder een spier te vertrekken: 'Blijf even hangen, Ev, mijn andere telefoon gaat.' Robert Kennedy, met wie de nieuwe president het beslist niet kon vinden, nam na de dood van zijn broer ontslag als minister van Justitie.

Lyndon Baines Johnson werd op 27 augustus 1908 geboren in een boerenwoning met drie kamers in Stonewall, Texas. De rivier Pedernales slingert er als een zilveren lint tussen de wilgen door. Het oudste kind van vijf zou uitgroeien tot een boomlange kerel. Als politicus gebruikte Johnson zijn fysiek om gesprekspartners te imponeren. Vaak dreef hij hen in de richting van een muur en deed dan zijn bovenlichaam in een hoek van 45 graden naar voren hellen.

Hij was ook een meester in de vulgariteit. Zo voerde hij vaak gesprekken terwijl hij op de wc zat. Van zijn ondergeschikten verwachtte hij dan dat zij zich bij hem in de wc vervoegden alsof het de opkamer betrof.

In zijn jongere jaren had Johnson last van nierstenen. Toen hij in 1948 om een Senaatszetel voor Texas vocht, haalde Johnson allerlei acrobatische toeren uit om die stenen, die zijn politieke loopbaan bedreigden, zelf los te schudden. Het staat overigens vast dat Johnson bij die verkiezing, die hij met 87 stemmen verschil won, heeft geknoeid.

In 1928 werd Johnson benoemd tot hoofd van een lagere school met veel latino-kinderen in Cotulla, een stoffige uithoek van Texas. Binnen een maand gonsde het er van de activiteiten. Doordat de school daar geen geld voor had, besteedde de hoofdonderwijzer de helft van zijn eerste salaris aan de aankoop van honkbalknuppels en handschoenen, volleybalbenodigdheden, enzovoort. Hier was de idealist Johnson aan het werk. Later in zijn politieke carrière begreep hij beter dan wie ook dat je macht kunt verwerven door het uitdelen van 'lekkers'.

Zijn eerste baantje in Washington kreeg hij in 1931 als assistent van een Texaanse Afgevaardigde. Samen met zijn collega's sliep hij in hetzelfde gebouw. Johnson ging voor het ontbijt soms vier keer achter elkaar douchen om in het douchelokaal maar zoveel mogelijk oudere medewerkers aan te kunnen spreken. 'Lyndon Johnson had huis en haard verlaten, maar was aangekomen waar hij thuishoorde,' schrijft biografe Doris Kearns Goodwin.

In 1937 werd Johnson, 29 jaar oud, gekozen tot lid van het Huis van Afgevaardigden. Twaalf jaar later begon een periode van twee decennia in de Senaat. Hij was inmiddels rijk geworden door de aankoop van het radiostation KTBC in Austin, waar Lady Bird de scepter zwaaide.

Fractieleider van de meerderheid sinds 1955, was Johnson het hart van de Democraten in de Senaat, een instituut dat hij bespeelde als een accordeonist zijn instrument. Johnson wist hoe hij zijn macht moest laten gelden. Toen Senator Frank Church hem eens had uitgelegd dat hij tegen diens zin had gestemd, omdat hij het advies van columnist Walter Lippman wilde volgen, blafte Johnson: 'De volgende keer dat je een dam nodig hebt, ga je ook maar naar Lippmann.'

Tot 1957 was Johnson, zoals de meerderheid van de zuidelijke Democraten, een remmende factor op het gebied van de burgerrechten, maar dat jaar kwam hij met een ingenieus compromis waarmee zowel de Democraten als de voorvechters van de zaak der zwarten konden leven. Acht jaar later zou de kieswet voor zwarten een van de pronkstukken van zijn presidentschap worden, al was Johnson, heel typerend, beledigd dat er nog geen week na het tekenen van die wet rellen in het zwarte getto van Watts in Los Angeles en vele andere steden waren uitgebroken. 'Zo ondankbaar.'

Een jaar eerder had Johnson (*'All the way with LBJ'*, luidde de tekst op de buttons) met een ruim verschil Barry Goldwater voor het presidentschap verslagen. Een ander pronkstuk, al dachten de meeste Republikeinen daar anders over, was het bouwen aan de zogenoemde *Great Society*, een veelheid van overheidsmaatregelen. Medicare en Medicaid, de ziektekostenverzekeringen voor ouderen en armlastigen zagen in 1965 het licht. De 'oorlog tegen armoede' werd aangebonden. De armoede won, zou Ronald Reagan later zeggen.

De tragiek van Johnson was dat zowel het ijveren voor de burgerrechten als voor de Grote Samenleving werd bemoeilijkt door zijn echec in Vietnam. Daar heeft hij nooit kunnen kiezen tussen het apaiseren van vroege tegenstanders van de Amerikaanse interventie, zoals Senator William Fulbright, en de zwijgende meerderheid die lang voor een martialer optreden te bewegen was geweest. Het verrassende en massale Tet-offensief van januari 1968 mocht dan in militair opzicht geen succes voor de Vietcong geweest zijn, uit propagandistisch oogpunt was het dat wel.

Op 31 maart 1968 kondigde Johnson aan dat hij geen nieuwe ambtstermijn ambieerde. Hij trok zich terug op de LBJ-ranch in Texas, die hij runde zoals hij het Witte Huis had gerund. Van al zijn stalknechten verlangde hij memo's waarin dagelijks werd aangegeven hoeveel eieren zijn tweehonderd kippen hadden gelegd.

Op weg van zijn ranch naar San Antonio werd Johnson op 22 januari 1973 dodelijk getroffen door een hartaanval. Hij was 64 jaar oud geworden.

Duister en
baanbrekend

Toen de Amerikaanse president Richard Nixon in 1972 naar Nederland kwam, sprak het vanzelf dat hij door het staatshoofd op Paleis Soestdijk zou worden ontvangen. Koningin Juliana voelde daar echter niets voor, tenzij zij haar gast in diens bijzijn een moordenaar mocht noemen, zo schreef de toenmalige minister van Buitenlandse Zaken Norbert Schmelzer (Katholieke Volkspartij) in zijn memoires. Daar kon natuurlijk niets van in komen, zei de minister.

'Staat u mij toe om het dan ten minste een keer zachtjes te fluisteren,' had ze gesmeekt. 'Als dit een *practical joke* was, dan speelde ze goed, geen enkele twinkeling verried of het een grap was of een opwelling van rebelsheid.' Schmelzer had de vorstin erop gewezen dat het risico dat haar woorden door een microfoon zouden worden geregistreerd te groot was. Daarmee was de kous af. Twee jaar later, op 9 augustus 1974, was Nixon de eerste Amerikaanse president die met schande overladen zijn ambt neerlegde vanwege de Watergate-affaire. Daar hadden verborgen microfoons in elk geval een grote rol gespeeld.

Richard Milhous Nixon werd op 9 januari 1913 geboren in het Californische Yorba Linda, waar zijn vader een kruidenierszaak dreef. Zijn moeder Hannah was een quaker, die zo goed was dat ze, volgens haar zoon, nooit een bedelaar de deur heeft gewezen. Twee van haar kinderen stierven vroeg. Richard Nixon groeide op in armoede. Hij moeste elke ochtend de groenten die zijn vader van de markt haalde wassen en aardappels pureren.

Toen hij een jaar of tien was, keek hij op een avond op uit de krant waarin prominent aandacht werd besteed aan een schandaal, en zei tegen zijn moeder: 'Later wil ik advocaat worden. Maar dan een eerlijke, zo iemand die niet kan worden omgekocht door oplichters.'

In 1937 werd Nixon toegelaten tot de balie. In datzelfde jaar ontmoette hij Thelma Catherine 'Pat' Ryan, die een paar bijrolletjes in Hollywood had gespeeld en die zich toen als lerares in Whittier inzette voor het amateurtoneel. Nixon speelde het klaar om in *The Dark Tower* haar tegenspeler te worden, en vroeg haar op de avond van de eerste opvoering ten huwelijk. Zij zouden twee dochters krijgen: Patricia en Julie. Patricia had in 1971 de primeur om in de Rozentuin achter het Witte Huis te trouwen.

De laatste drie jaar van de Tweede Wereldoorlog diende Nixon bij de Marineluchtvaartdienst. In 1946 versloeg de Republikein Nixon een ervaren Democraat in het Twaalfde District van Calfornië en kwam zo in het Huis van Afgevaardigden. In 1951 bracht hij het tot Senator. In beide campagnes schilderde hij zijn tegenstanders af als toegeeflijk tegenover, zo niet 'besmet met het Rode Gevaar'. Helen Douglas, met wie hij om een zetel in de Senaat streed, noemde hij de 'roze dame'. Deze praktijken leverden hem de bijnaam *Tricky Dick* op.

In 1952 vroeg Dwight Eisenhower hem als vicepresident. Dat was nog bijna niet doorgegaan. Nixon kwam in opspraak vanwege de financiering van zijn campagne. In een briljante want sentimentele toespraak bezwoer hij dat hij slechts één gift had ontvangen, te weten Checkers, de cockerspaniel van Tricia, en dat de familie de hond niet zou afstaan.

In 1960 verloor Nixon met een miniem verschil aan stemmen de race om het presidentschap van John F. Kennedy. Hoewel er alle aanleiding was geweest om diens electorale geknoei aan te vechten, liet Nixon dat na, omwille van de rust in het land. Bij Nixons dood bleek Johns jongere broer, Edward Kennedy, hem daar nog altijd dankbaar voor. Twee jaar later leek het doek voorgoed te vallen. Nixon verloor de strijd om het gouverneurschap van Californië. Tegen de journalisten zei hij dat ze de Nixon tegen wie ze zo lekker konden aantrappen nog zouden missen, want dat dit zijn laatste persconferentie was.

Bill Clinton wordt vaak *'The comeback kid'* genoemd, maar Nixon kan met evenveel recht aanspraak maken op die eretitel. Want in 1968 waren die bittere woorden weer vergeten en veroverde Nixon, nadat hij Hubert Humphrey met een neuslengte had verslagen, alsnog het Witte Huis.

Nixon is waarschijnlijk de meest ondoorgrondelijke van alle presidenten. Hij was alleen en met de wil om alleen te zijn, schrijft biograaf Richard Reeves in *President Nixon, Alone in the White House*. Nixon at vaak alleen, ook als er gasten waren. Nixon bowlde ook graag alleen.

Nooit was hij meer alleen dan in die meinacht van 1970, toen hij na anderhalf uur slaap was opgestaan, het tweede pianoconcert van Rachmaninov had opgezet, en zijn huisknecht Manolo Sanchez had verzocht om hem in het aardedonker te begeleiden naar het Lincoln Memorial. Daar onderhield de president zich met studenten die een nachtwake tegen de oorlog in Vietnam hielden. Vervolgens verschafte Nixon zich om zes uur 's ochtends toegang tot de vergaderzaal van het Huis van Afgevaardigden, ging op zijn oude stoel zitten, en vroeg Manolo om vanaf het rostrum het woord te nemen. Toen Sanchez in de verder lege zaal was uitgesproken, applaudisseerde de president luid voor zijn bediende.

Dat zoeken naar afzondering wijkt scherp af van het gebruikelijke gedrag van de politicus: die omringt zich juist steeds met zoveel mogelijk mensen. Over Nixon zei zijn naaste medewerker Bob Haldeman: 'Wij kennen hem helemaal niet.' Henry Kissinger, zijn rechterhand op het gebied van de buitenlandse betrekkingen, schreef dat Nixon in het diepst van zijn ziel altijd verwachtte dat hij de strijd zou verliezen, dat wat hij bereikt had hem alsnog zou worden ontnomen en dat zijn vijanden zouden winnen. Daardoor verwarde het succes dat hij onmiskenbaar heeft gehad hem ook.

Buitengewoon intelligent, vol twijfel aan zichzelf, leugenachtig, een van de weinigen die de architectuur van de gewenste wereldorde voor ogen hadden, zeer vernieuwend op het gebied van het buitenlandse beleid (de opening naar China en de detente met de Sovjet-Unie), paranoïde, geheimzinnig, en stoutmoedig met zijn economische en sociale maatregelen zoals het loslaten van de 'gouden standaard' (de vaste koppeling van de dollar aan goud) en het afschaffen van de dienstplicht. Ziedaar een aantal van zijn karakteristieken. Zoals Nixon tegen Senator Robert Dole zei: 'Ik sta elke ochtend op met de bedoeling mijn vijanden in verwarring te brengen.'

Al was hij dan aan een uitstekende universiteit (Duke) afgestudeerd, en lid van beide Kamers van het Congres geweest, al had hij acht jaar het vicepresidentschap vervuld en had hij daarna als advocaat op Wall Street gewerkt, toch voelde Nixon zich, zelfs toen hij president was, geen deel van het establishment. Hij was arm en met wrok opgegroeid en hij smeulde nog altijd van woede als hij in aanraking kwam met 'die verwijfde intellectuelen' van Harvard of op het ministerie van Buitenlandse Zaken.

Als eerste officiële bezoekers uit West-Europa (die bij de begrafenis van Eisenhower niet meegeteld) dienden zich in mei 1969 premier Piet de Jong (KVP) en minister van Buitenlandse Zaken Joseph Luns (KVP) aan. Bij het afscheid roemde de president de naar buiten gerichte blik van de Nederlanders en de kwaliteiten van ambassadeur Carl Schurmann, die op de drempel van zijn pensioen stond.

Minder enthousiast moet de president zijn geweest over de Nederlandse televisie, waar een zwarte Afgevaardigde uit Georgia had gezegd dat als je Adolf Hitler een vriend van de Joden noemde, je president Nixon ook wel een vriend van de zwarten kon noemen. Met Joden en zwarten had Nixon weinig op. Over de eerste groep liet hij zich, vaak ook waar de Joodse Henry Kissinger bij was, denigrerend uit. Als bedenker van de 'Zuidelijke Strategie' die ten doel had om dat deel van het land weer voor de Republikeinen, de partij van Abraham Lincoln, te winnen, probeerde Nixon waar hij kon om de blanke zuiderlingen niet in de wielen te rijden.

De grote verrassing van Nixons presidentschap was dat hij zich een weg naar Peking baande en daarbij creatief gebruik maakte van de grote spanningen die tussen Moskou en Peking bestonden. Als een Democratische president dit zou hebben overwogen, was hij door zijn tegenstanders, Richard Nixon voorop, uitgescholden voor communistenvriend en was er niets van gekomen.

Een opening naar links kan soms alleen door een man van rechts worden gemaakt en omgekeerd. Nixons beleid was erop gericht de Sovjet-Unie duidelijk te maken hoeveel belang hij hechtte aan tastbare onderhandelingen met dat land. Hij wilde Moskou niet het gevoel geven dat hij met Peking samenspande tegen het Kremlin, net zo min als hij bij Peking de indruk wilde wekken dat hij samen met de Sovjets tegen de Chinezen kuipte.

Nieuwe driehoeksdiplomatie zonder agressieve kanten van Amerikaanse zijde dus.

Nixon had van de Franse schrijver en politicus André Malraux gehoord dat hij in Peking te maken zou krijgen met een gigant, maar wel met een stervende gigant, want Mao's bloeitijd lag een halve eeuw achter hem. Op 21 februari 1972 landde Nixon in Peking. Mao vertelde hem bij de begroeting dat hij op hem had 'gestemd'. 'Het minste van twee kwaden,' zei Nixon met een lach.'Ik houd van rechtse politici,' zei Mao weer. Van opwinding begon Nixon enigszins in Chinese slogans te spreken. De aanblik van de Grote Muur drie dagen later ontlokte hem een commentaar dat de wereldpers haalde: 'Ik denk dat je moet vaststellen dat dit een grote muur is.'

In mei van dat jaar vloog Nixon, terwijl de Amerikanen Noord-Vietnam nog bombardeerden, met de Air Force One naar Moskou. 'Zijn er nog niet-Joden bij?' vroeg hij toen hij de lijst met meereizende journalisten had bekeken. Voor partijsecretaris Leonid Breznjev, die hem aan een kopstuk uit de Amerikaanse vakbeweging deed denken, had hij als cadeau een Cadillac meegebracht. Om half vijf de volgende ochtend maakte Nixon alleen (als je de veiligheidsagenten niet meetelde) een wandeling door de straten van het Kremlin. Op 28 mei mocht Nixon op de Sovjet-televisie het belang van de met Breznjev getekende wapenbeheersingsakkoorden uitleggen.

Op hetzelfde moment had in Washington een gebeurtenis plaats die zijn ondergang zou inluiden. Een ploeg 'loodgieters' die vuile politieke werkjes voor het Witte Huis opknapte, drong het Democratische hoofdkwartier in het Watergategebouw binnen om afluisterapparatuur te plaatsen. Bij een tweede poging (een van de microfoons werkte niet) op 17 juni werden ze gearresteerd.

Nixon heeft niet de opdracht tot deze inbraak gegeven, maar hij heeft wel uit alle macht geprobeerd de waarheid te verdoezelen. Dit kwam vast te staan door de geluidsbanden die hij in het Oval Office liet meedraaien. Op een zeker moment stelde Nixon voor om afluisterapparatuur op de eigen telefoons te plaatsen en het dan te doen voorkomen alsof zijn Democratische uitdager George McGovern daartoe opdracht had gegeven. Van McGovern zou hij in november 1972 met grote overmacht winnen. Die inbraak is dus volstrekt onnodig geweest.

Inmiddels was Kissinger met Le Duc Tho in Parijs een eervolle vredesregeling overeengekomen en waren de laatste Amerikaanse militairen uit Vietnam vertrokken. Op de Nobelprijs die Kissinger daarvoor kreeg, was Nixon bijzonder jaloers. Toen Nixon, die zag aankomen dat de Senaat hem uit zijn ambt zou

176

ontzetten, liever de eer aan zichzelf hield en op 9 augustus 1974, de armen boven het hoofd geheven als ware het een triomf, als ambteloos burger afscheid nam van zijn opvolger Gerald Ford, vreesden velen dat hij zelfmoord zou plegen.

Eerder was men bang geweest dat hij met atoomwapens zou gaan smijten. Hoe kon een ambitieuze man deze ultieme vernedering overleven? Maar het pakte anders uit. Nixon ontwikkelde zich tot een graag geraadpleegde oudere staatsman. Hij schreef nog zes boeken.

Op 22 april 1994 stierf hij, 81 jaar oud, in het Cornell Medical Center in New York aan de gevolgen van een beroerte. In de waardering van de historici blijven zijn papieren stijgen.

'Een Ford, maar geen Lincoln'

De 14de mei 1975 was een ongemakkelijke avond op het Witte Huis. President Gerald Ford en zijn minister van Buitenlandse Zaken Henry Kissinger gaven een diner in smoking voor premier Joop den Uyl (PvdA). Kissinger zou later schrijven dat het duidelijk was dat de premier van huis de boodschap had meegekregen niet te provoceren, maar dat hij dat kunstje toch maar moeilijk onder de knie leek te krijgen.

Charles Rutten, directeur-generaal op het ministerie van Buitenlandse Zaken, wist de stemming er nog een beetje in te houden door de lof te zingen van de Nederlandse fietspaden. Midden onder het eten lieten de gastheren zich verontschuldigen. Zij moesten zich bemoeien met de kaping van het Amerikaanse koopvaardijschip de *Mayagüez* door Cambodjanen.

Ford was toen nog geen jaar in functie. Op 9 augustus 1974 had hij Richard Nixon moeten opvolgen. Nixon was afgetreden om een zeker lijkende veroordeling door de Senaat vanwege het Watergate-schandaal te ontlopen. 'Onze lange nationale nachtmerrie is voorbij,' sprak Ford bij zijn eerste televisieoptreden als president. Ford was de eerste in die functie die noch als president, noch als vicepresident door het Amerikaanse volk was gekozen.

Er ging een zucht van verlichting door Amerika, Fords populariteitscijfers waren aanvankelijk uitzonderlijk hoog. Hij was aardig, recht door zee en middelmatig. Het contrast met zijn briljante, eenzelvige en leugenachtige voorganger had niet groter kunnen zijn.

'Met Gerald Ford hebben we een padvinder in het Witte Huis,' zoals een krant schreef. Die waarderingscijfers kelderden overigens spectaculair toen Ford een maand later Nixon – in strijd met zijn eerdere beweringen – gratie verleende voor alle misdrijven die hij eventueel had begaan.

De telefonistes van het Witte Huis meldden dat de binnenkomende reacties voor het leeuwendeel negatief waren. Hier en daar werd zelfs gesuggereerd dat de heren het op een akkoordje hadden gegooid. Het presidentschap voor Ford, de gratie voor Nixon. Daarvan is overigens nooit iets gebleken. Richard Reeves schrijft in zijn geestige boekje *A Ford, not a Lincoln* dat Ford die gratie waarschijnlijk ook zou hebben verleend als hij zeker had geweten dat dit zijn presidentschap zou verwoesten.

Ford was ervan overtuigd dat zijn gebaar de wonden in de psyche van de natie zou helen. Of die verwachting bewaarheid is, is maar zeer de vraag.

Gerald 'Jerry' Ford werd op 14 juli 1913 als Leslie Lynch King jr. in Omaha, Nebraska geboren. Zijn ouders gingen spoedig uit elkaar. Vanaf zijn tweede jaar maakte Jerry deel uit van het gezin van Gerald Rudolph Ford, de tweede man van zijn moeder, die Jerry als zijn zoon opvoedde.

Ford sr. was de eigenaar van een verfwinkel. Het gezin woonde in Grand Rapids, Michigan. Het westelijke deel van die staat was dankzij de vele Nederlandse immigranten doordrenkt van het Nederlandse calvinisme.

Op zondag werken, drinken, kaart spelen en andermans vrouw begeren (dat laatste mocht op doordeweekse dagen ook niet) golden als doodzonden.

Toen Ford tijdens zijn eerste campagne (1948) voor het Huis van Afgevaardigden, tegen Bartel Jonkman, het plan opvatte om met Betty Bloomer Warren te trouwen, hield hij dat angstvallig geheim. Betty was danseres geweest en gescheiden bovendien. Tijdens het presidentschap van haar man zou Betty, die een zware alcoholverslaving had, zich uitspreken voor abortus, en desgevraagd ook voor seks voor het huwelijk. Heel gewaagd voor een First Lady en in de jaren zeventig in Grand Rapids nog altijd vloeken in de kerk.

Jerry Ford was niet ingegaan op het aanbod om prof te worden in het Amerikaanse football, maar bekostigde zijn rechtenstudie aan Yale University met het geld dat hij als football- en bokscoach verdiende. Op Yale eindigde hij bij de beste 30 procent van zijn jaar.

Toch is om Ford altijd een aura van domheid blijven hangen. Zo zei president Lyndon Johnson: 'Jerry Ford kan niet tegelijk kauwgum eten en over straat lopen.'

In het Congres klom hij met zijn gematigde conservatisme en zijn geen vijanden makende stijl op tot fractieleider van de Republikeinen. In 1953 had hij het initiatief genomen om vijftigduizend door de Watersnood getroffen Nederlanders een vestigingsvergunning te geven.

Doordat Nixons numero twee, Spiro Agnew, een zwendelaar bleek te zijn, werd Ford in de herfst van 1973 gevraagd om vicepresident te worden. Fords houding tegenover het conflict in Vietnam was altijd bijzonder krijgshaftig geweest. Zo had hij in een laat stadium, tegen de stroom in, nog gepleit voor de 'Amerikanisering' van de oorlog. Maar bij de val van Saigon (1975) legde Ford zich vrij gemakkelijk neer. In het Huis van Afgevaardigden had Ford bezwaar gemaakt tegen de ontspanning met Moskou die Nixon en Kissinger nastreefden.

Als president reisde Ford in 1974 naar Vladivostok om met Sovjet-partijleider, Leonid Breznjew, een belangrijk wapenbeheersingsakkoord af te sluiten. Zo ging hij in 1975 ook naar Helsinki voor de ondertekening van een verdrag dat de spanning tussen Oost- en West-Europa moest verminderen.

Op 5 september 1975 trachtte Lynette 'Squeaky' Fromme, een discipel van sekteleider Charles Manson, president Ford neer te schieten in Sacramento. Maar al was haar revolver geladen, het ding ging niet af. In San Francisco drie weken later volgde een tweede poging, ook door een vrouw.

Wat betreft het binnenlandse beleid is Ford nooit een voorloper geweest. Neem de kwestie van de burgerrechten. Meestal probeerde hij nieuwe wetten, zoals het verbod op discriminatie op de huizenmarkt, tegen te houden, om dan vóór te stemmen 'als er toch niets meer aan te doen was'. Fords populariteit werd aangetast door de staat van de economie.

Nadat hij met een klein verschil door Jimmy Carter was verslagen, trok Ford zich in 1977 uit het openbare leven terug. Hij werd een veelgevraagd spreker in het lezingencircuit. Allengs kreeg hij last van zijn hart en longen. Gerald Ford stierf op 26 december 2006 in zijn Californische huis Rancho Mirage. Hij is 93 jaar geworden.

Beter als
ex-president

Toen de op een golf van islamisme verdreven en over de wereld dolende ex-sjah van Perzië, Mohammed Reza Pahlavi, dringend medische zorg nodig had vanwege een dodelijke ziekte, besloot president Jimmy Carter hem in oktober 1979 alsnog toe te laten tot de Verenigde Staten.

Dat gebaar kwam Carter duur te staan. Op 4 november bestormde een bende Iraanse heethoofden de Amerikaanse ambassade in Teheran. Van het diplomatieke personeel werden 52 leden gegijzeld. De ayatollahs tartten zo 'de Grote Satan', zoals zij Amerika noemden.

Dat wist vooreerst weinig satanisch te bedenken. In april 1980 gaf Carter opdracht voor een militaire reddingsoperatie. Maar Amerikaanse helikopters kwamen boven de woestijn met elkaar in botsing en de poging om de gijzelaars te ontzetten, strandde voordat zij goed en wel was begonnen.

Carters populariteit, die toch al niet groot was geweest, maakte een duikvlucht. De gijzeling van het ambassadepersoneel was een belangrijke reden waarom in november 1980 de 69-jarige ex-acteur Ronald Reagan het Witte Huis veroverde op zijn opponent Carter. Enkele minuten na Reagans inauguratie werden de gijzelaars vrijgelaten.

Jimmy Carter werd op 1 oktober 1924 als zoon van een pindaboer geboren in het Wise Hospital in Plains, Georgia. Hij was de eerste van de presidenten die in een ziekenhuis ter wereld kwam. Tijdens zijn presidentschap verlegde hij de scheiding in

zijn zandkleurige haar van rechts naar links. Zijn fysieke handelsmerk is een vrijwel permanente grijns met een mond vol parelwitte tanden. Carter, een herboren christen, is introspectief, diep doordrongen van de waarde van positief denken en steeds geneigd om zijn leven te beteren. Zo vertelde hij in *Playboy* dat hij had gezondigd door andere vrouwen in de geest te begeren.

In 1948, hij zat toen al twee jaar bij de marine, kwam Carter terecht bij de onderzeebootdienst. Aan boord van de *USS Pomfret* werd hij in december van dat jaar bij Hawaï bijna door de zee meegesleurd. Drie jaar later kreeg Carter het verzoek mee te werken aan het programma voor atoomonderzeeërs. Ter voorbereiding studeerde hij natuurkunde in Schenactady, in de staat New York. Admiraal Hyman G. Rickover, die hem zijn verdere leven tot voorbeeld zou dienen, koos Carter als boordwerktuigkundige op een van de eerste atoomonderzeeërs.

Als jonge vaandrig bij de marine was Carter in 1946 getrouwd met zijn plaatsgenote Rosalynn Smith, die later de boekhouding ging doen van de pindaboerderij die Jimmy van zijn vader had overgenomen. Haar boek *First Lady from Plains*, dat in 1984 verscheen, werd een bestseller.

Van zijn broer Billy, die onder meer louche zaken deed met Libië, had Carter in het Witte Huis veel last. Dat gold in zekere zin ook voor zijn moeder, 'Miz' Lillian. Zij was, bijna zeventig jaar oud, nog in India voor het Peace Corps gaan werken, een vrijwilligersorganisatie. Toen de Carters eenmaal in het Witte Huis zetelden, werden zij voortdurend lastiggevallen door 'Miz' Lillian, die genoot van haar status als '*First Mother*'.

Carter werd in 1963 in het deelstaatparlement van Georgia gekozen. Acht jaar later was hij gouverneur. Tijdens de voorafgaande campagne had Carter zich een ouderwets zuidelijke Democraat betoond. Het paaien van de blanke bevolking ging hem voor alles. Hij vroeg George Wallace, de 'apartheidsgouverneur' van Alabama, voor hem in het strijdperk te treden. Bij zijn aantreden als gouverneur maakte Carter een zwenking en verklaarde dat de tijd van rassendiscriminatie voorbij was.

Tijdens de campagne voor het presidentschap in 1976 ontkende hij Wallace ooit te hebben gesteund. Een aperte leugen, waarmee hij ook zijn belofte schond aan het Amerikaanse volk om nooit te zullen liegen. Hij won die campagne onder meer omdat de zittende president Gerald Ford het in een televisiedebat door onhandig formuleren deed voorkomen alsof hij niet wist dat Oost-Europa door de Sovjets bezet werd gehouden.

Carter wilde bovenal een president van het volk zijn en stond er aanvankelijk op om zijn eigen koffers te dragen. Ook riep hij zijn landgenoten op om 'hun levens te leven alsof Christus dezelfde middag nog komen zou'.

Bij zijn aantreden als president had Carter een slagzij makende economie geërfd. De almaar stijgende olieprijzen maakten het hem onmogelijk om het schip van staat te rechten. Op 4 juli 1979 had 90 procent van de tankstations in de stad New York geen benzine voorradig. De president mocht de crisis dan niet hebben veroorzaakt, hij werd er wel politiek verantwoordelijk voor gehouden.

Carters initiatieven op het gebied van het buitenlands beleid stuitten vaak op verzet. Toch slaagde hij erin om Panama het eigendom van het Panamakanaal terug te geven en de betrekkingen met China te normaliseren. In september 1978 'gijzelde' Carter de Egyptische president Anwar al-Sadat en de Israëlische premier Menachem Begin twee weken in zijn buitenverblijf Camp David (genoemd naar een kleinzoon van oud-president Dwight Eisenhower, en dus niet naar koning David). Daar werd het fundament gelegd voor het vredesakkoord tussen beide landen. Een tweede akkoord met de Sovjet-Unie over de beperking van strategische atoomwapens werd in de Senaat opgehouden.

Nadat de Amerikaanse ambassadeur in Kaboel was vermoord en de Sovjets in 1979 Afghanistan waren binnengevallen, maakte het verdrag helemaal geen kans meer op ratificatie. De mensenrechten werden de speerpunten om dictatoriale regimes mee in het hart te treffen.

Carter ontpopte zich steeds meer als een bijzonder zwakke president. Zbigniew Brzezinski, Carters Nationale Veiligheidsadviseur, schreef in zijn memoires *Power and Principle*: 'Carter was niet goed in public relations. Hij bracht het publiek niet tot enthousiasme, noch boezemde hij zijn tegenstanders vrees in. Hij werd vertrouwd als persoon – maar hoe onrechtvaardig ook – juist weer niet als een leider.'

Na zijn aftreden keerde Carter terug naar Atlanta en stichtte het Carter Presidential Center. Dat is inmiddels in zestig landen ter wereld actief op terreinen als gezondheidszorg en mensenrechten. Carter zelf treedt dikwijls op als bemiddelaar bij conflicten tussen staten, zoals tussen Noord- en Zuid-Korea. In 2002 ontving hij de Nobelprijs voor de Vrede. Hij zei een betere ex-president dan president te zijn geweest.

Blijmoedige B-acteur in zijn beste rol

Het presidentschap van Ronald Reagan was bijna in de knop gebroken en voor de ochtend van zijn bloei vergaan. Op 20 maart 1981, twee maanden na zijn aantreden, pleegde de student John Hinckley (om indruk te maken op filmactrice Jodie Foster) buiten het Hilton hotel in Washington D.C. een aanslag op de president. Een van de kogels bleef slechts anderhalve centimeter van diens hart steken. Een uiterst kordaat optreden van een van zijn lijfwachten redde de president het leven.

Toen hij het George Washington-ziekenhuis werd binnengereden en hij een falanx van doktoren in hun witte jassen zag staan, riep Reagan: 'Ik hoop wel dat jullie allemaal Republikeinen zijn.' Tegen zijn vrouw Nancy zei hij: 'Sorry liefje, ik ben gewoon vergeten te bukken.' Die laatste woorden had bokser Jack Dempsey gebruikt om het verlies van zijn wereldtitel aan Gene Tuney te verklaren.

Voor Edward Meese, een naaste adviseur – en later zijn minister van Justitie – die zich ook naar het ziekenhuis had gehaast, waren dat misschien wel de mooiste momenten met de president. 'Onder extreem moeilijke omstandigheden toonde hij altijd een groot gevoel voor stijl.' De president onderging zijn ziekenhuisopname met karakteristieke blijmoedigheid. Toen een verpleegster even zijn hand vasthield, vroeg hij haar, quasi bezorgd: 'Weet Nancy wel van ons?' Jaren later, toen Reagans populariteitscijfers waren gekelderd en hij met zijn staf overlegde wat daaraan te doen zou zijn, zei de president: 'Ik kan me altijd nog een keer laten neer-

schieten.' Wat Meese vooral trof, was dat voor Reagan alle mensen werkelijk gelijk waren. 'Hij doet tegen de Duitse bondskanselier niet aardiger dan tegen de elektricien.'

Reagan werd geboren in Tampico, Illinois, op 6 februari 1911 in een kleine flat boven een bank. 'Dat was de enige binding die we met die bank hadden,' zou hij later zeggen. Toen zijn vader, een verkoper van schoenen en een alcoholist, zijn zoon voor het eerst aanschouwde, zei hij: 'Voor zo'n dik stuk Hollander maakt hij wel veel lawaai.' De bijnaam *Dutch* beklijfde. Zozeer dat Edmund Morris, Reagans meest gezaghebbende biograaf, zijn boek *Dutch* noemde. Reagan groeide op in een huis vol verdriet. Hij zei later dat hem dat kracht had gegeven. 'Ik dacht dat het mijn taak was iedereen op te vrolijken.'

In de zomers tussen 1926 en 1933 was Reagan badmeester. In totaal redde hij 77 mensen het leven – die hem daarvoor nauwelijks bedankten. Wel erkentelijk toonde zich de zwemmer die Reagan 10 dollar gaf voor het opduiken van zijn kunstgebit.

Reagan begon zijn loopbaan als sportverslaggever voor radiostations in het Midden-Westen van de Verenigde Staten. 'De radio is het theater van de geest,' zei hij. Hij had een onweerstaanbare stem. Het leek alsof hij de woorden stuk voor stuk aanblies voordat hij ze uitsprak. Zijn stem leek met onzichtbaar kleefband vastgeklit aan het gehoor van zijn publiek.

Toen Reagan eenmaal president was, schreef *The New York Times*: 'Er is waarschijnlijk nog nooit een president geweest die zo duidelijk geniet van het geluid van zijn eigen stem en die daar zo van afhankelijk is als Reagan – niet zozeer uit ijdelheid, maar zoals een jurist het moet hebben van zijn boeken en een chirurg van zijn handen.'

In 1937 tekende hij een contract met Warner Brothers in Hollywood. In zijn eerste film *Love is on the Air* speelde hij een radioverslaggever. Reagan maakte 53 films en was voorzitter van de vakvereniging van acteurs. Zijn beste acteerprestatie was in *Kings Row* (1942). In de belangrijkste scène ontwaakt hij uit een narcose en komt tot de ontdekking dat zijn beide benen zijn geamputeerd. Zijn kreet: 'Waar is de rest van mij?' werd de titel van zijn autobiografie, die hij al in 1965 schreef.

Overigens kon Reagan, die verder goed tegen kritiek bestand was, weinig lelijks over zijn acteerprestaties horen. Hij is altijd verzot op film gebleven. Toen een medewerker van het Witte Huis hem eens vroeg of hij zich wel goed op een lastige economische conferentie had voorbereid, luidde het antwoord: 'Nee, want gisteravond was *The Sound of Music* op de televisie.'

In 1940 was Reagan getrouwd met de filmactrice Jane Wyman, die hij op de set van *Brother Rat and a Baby* had ontmoet. Na de oorlog had Wyman meer succes in Hollywood dan Reagan. Dat leidde in 1949 tot een scheiding. Drie jaar later hertrouwde Reagan met Nancy Davis, ook een actrice. Daardoor zou hij de eerste gescheiden president uit de geschiedenis worden. Nancy zou tot aan het einde van zijn leven als een erfhond over hem blijven waken.

De eerste helft van zijn leven was Reagan een Democraat. Pas in 1950 ging hij mede onder invloed van zijn schoonvader over naar de Republikeinen. 'Ik heb de Democratische Partij niet verlaten, maar de partij heeft mij verlaten,' placht hij te zeggen. Acht jaar lang trok hij in dienst van General Electric, de fabrikant van huishoudelijke apparaten ('vooruitgang is ons belangrijkste product'), met een roadshow door het land.

In 1966 werd Reagan tot gouverneur van Californië gekozen. Toen een journalist hem vroeg wat voor soort gouverneur hij dacht te zijn, luidde het antwoord: 'Dat weet ik niet, want ik heb nog nooit een gouverneur gespeeld.' Reagan werd niet door de macht vergiftigd nadat hij als de oudste man ooit (69) was gekozen tot president door in 1980 Jimmy Carter te verslaan.

Het presidentschap liet hem opmerkelijk onberoerd. Als Reagan van de residentie naar het Oval Office wandelde, nam hij ruim de tijd om de eekhoorns te voeren. In de woorden van zijn biograaf Lou Cannon: 'Hij leek bijzonder in zijn nopjes om Ronald Reagan te zijn.'

Zijn optimisme wist hij op anderen over te brengen. Naar zijn romantische opvatting moest de president vooral uitdrukking geven aan het idee van Amerika als 'de stralende stad op de heuvel' en een voorbeeld zijn voor de rest van de mensheid. Om de verbeelding draait het in de hem zo vertrouwde filmindustrie per slot van rekening ook. 'Het presidentschap was zijn beste rol,' schreef Gennady Vasilyev in *Pravda*.

Toen hij koningin Beatrix op 19 april 1982 verwelkomde bij haar staatsbezoek, zei de president dat het wel leek alsof beide landen hun geschiedenis van elkaar hadden overgeschreven. Een kolossale dichterlijke vrijheid, maar het klonk aardig.

Toch hield Reagan ook altijd een zekere afstand. Hij had plezier in mensen maar was in niemand persoonlijk geïnteresseerd. De econoom Martin Anderson omschreef Reagan als schrander, besluitvaardig en vasthoudend, maar ook als ongevoelig voor de mensen om hem heen. 'Een warme, genadeloze man.'

Maar Reagan was ook een dromer, in de zin van visionair. Hij was de enige politicus van zijn tijd die zich de Sovjet-Unie zonder communisme kon voorstellen.

Hij was een anti-atoomwapenradicaal die de geldende MAD-doctrine (wederzijds verzekerde vernietiging) inderdaad waanzinnig vond. Aan zijn plannen om samen met de Sovjet-Unie een 'schild' in de ruimte aan te brengen, kwamen geen atoomwapens te pas. Het heeft maar een haartje gescheeld of Reagan en Sovjet-leider Michail Gorbatsjov hadden bij hun tweede ontmoeting (in 1986) in de IJslandse hoofdstad Reykjavik al hun atoomwapens naar de schroothoop gestuurd.

Begin 1983 reisde premier Ruud Lubbers naar Washington om met de Amerikanen over de plaatsing van kruisraketten te praten. Reagan nam hem apart en zei te veronderstellen dat de premier dacht dat hij graag nieuwe atoomwapens wilde. Dat nu was geenszins het geval. Maar zijn periode als voorzitter van de vakbond van filmacteurs had hem geleerd dat je de tegenpartij eerst een tijdje flink moet laten zweten. Uiteindelijk was hij best bereid om met de zogenoemde nuloptie akkoord te gaan.

Nog in 1983 had Reagan de Sovjet-Unie bestempeld als 'het rijk van het kwaad'. Regeringen in West-Europa vonden dat veelal een veel te provocerend woordgebruik en beschouwden die termen als bewijs temeer dat het met de verstandelijke vermogens van de Amerikaanse president maar matig was gesteld.

De geschiedenis heeft Reagan in het gelijk gesteld. Na het aantreden van Michail Gorbatsjov als nieuwe secretaris-generaal van de Communistische Partij in Moskou onderkende Reagan dat er wezenlijke veranderingen op til waren. Hij nodigde Gorbatsjov uit voor overleg in Genève. George Shultz, Reagans minister van Buitenlandse Zaken, over de begroeting voor het huis van de Aga Khan: 'Het beeld was dramatisch: die man van 74 jaar oud, die zonder hoed en zonder jas de bittere koude trotseerde om een leider die twintig jaar jonger was dan hij zelf te verwelkomen.' Op de foto's zag Gorbatsjov – in overjas en met fedora – er ouder uit dan de president.

Reagans binnenlands beleid had drie belangrijke oogmerken: de begroting diende in evenwicht te worden gebracht, de belastingen moesten omlaag en er moest (nog) veel meer geld naar defensie. Met zogeheten *supply side economics* – ook wel bekend als *Reagonomics* – moesten lagere belastingen leiden tot hogere economische activiteit. Maar zijn drie doelstellingen waren niet met elkaar te verenigen. Daardoor raakte de begroting juist steeds verder uit balans.

Dit gaf Reagan trouwens aanleiding tot een van zijn meest absurde grappen. Door een journalist gevraagd of hij wakker lag van het begrotingstekort, antwoordde een stralende president: 'Nee, helemaal niet, want het tekort is nu zo groot geworden dat het gemakkelijk voor zichzelf kan zorgen.'

Reagan liet een veelheid aan citaten na waaruit blijkt dat hij niet veel op had met de overheid. Zo luidde zijn definitie van een belastingbetaler: iemand die voor de federale overheid werkt, zonder ambtenarenexamen te hoeven doen.

In zijn visie loste de overheid geen problemen op, maar subsidieerde ze die alleen maar. De gevaarlijkste combinatie van twaalf woorden in de Engelse taal was volgens de president: 'Ik ben van de overheid en ik ben hier om te helpen.'

Reagan werd in 1984 door zijn zege op de progressieve Democraat Walter Mondale met de grootste meerderheid ooit in het kiescollege glorieus herkozen. Vanaf 1985 werd hij geplaagd door het zogenoemde Iran-Contra-schandaal. Een ingewikkelde geschiedenis. De president had goed gevonden dat in het geheim via Israël Amerikaanse wapens aan Iran (een land waarmee de Verenigde Staten vrijwel op voet van oorlog verkeerden) werden geleverd met het oogmerk om Amerikaanse gijzelaars in het Midden-Oosten vrij te krijgen. Reagans credo was altijd geweest dat er nooit concessies aan terroristen mochten worden gedaan. Bovendien hielp het niet. Er werden enkele gijzelaars vrijgelaten, maar nog meer gevangengenomen. Op die wapenverkoop aan Iran werd een grote winst gemaakt die – buiten medeweten van de president – voor een deel werd doorgesluisd naar rechtse anti-Sandinistische rebellen in Nicaragua. Dat was een soort transactie die het Congres uitdrukkelijk verboden had.

Reagan, die dikwijls zei niet te weten wat zijn voorgangers bedoelden met de eenzaamheid van het presidentschap, had moeite om afscheid te nemen van Washington. Hij had intens genoten van zijn baan. Tegen verslaggevers die hem op 20 januari 1989 bij zijn definitieve terugkeer naar Californië opwachtten, zei hij dat hij zich sterk zou maken voor de opheffing van de maximumtermijn van acht jaar voor het presidentschap. Verder zei hij benaderd te zijn voor een remake van zijn film *Bedtime for Bonzo*, maar deze keer met hemzelf in de rol van de chimpansee.

In 1994 liet Reagan in een handgeschreven brief aan de bevolking weten dat hij aan de ziekte van Alzheimer leed. 'Ik begin nu de reis naar de zonsondergang van mijn bestaan.' Het is een lang en duister vaarwel geworden. De Grote Communicator was totaal incommunicado geworden. Reagan stierf op 5 juni 2004, 93 jaar oud, in zijn huis in Bel Air, Los Angeles.

Dat hij acht jaar lang president van de Verenigde Staten was geweest, wist hij toen al lang niet meer.

Parachutist met klasse en overredingskracht

Op de tonen van Händels *Arrival of the Queen of Sheba* betraden George Herbert Walker Bush, zijn vrouw Barbara, koningin Beatrix en prins Claus op 17 juli 1989 de Leidse Pieterskerk. De oude universiteitsstad had de hoogste vertegenwoordiger van de Verenigde Staten een hartelijk welkom bereid. Zo hingen er spandoeken met de tekst *'Leiden is Georgeous'*.

In de kerk maakte burgemeester Kees Goedkoop bekend dat Bush – zij het via een ingewikkelde constructie – afstamde van de 46 *Pilgrim Fathers* die vanuit Leiden hun tocht naar de Nieuwe Wereld waren begonnen.

Twee jaar later was Bush, die in 1983 als vicepresident Nederland ook al aan had gedaan, weer terug. Met lof voor zijn vrienden *Roed* (premier Ruud Lubbers) en *Henz* (minister van Buitenlandse Zaken Hans van den Broek) hield hij in de Ridderzaal een pleidooi voor uitbreiding van de Europese Gemeenschap met de pas onafhankelijk geworden Oost-Europese landen.

Bush werd op 12 juni 1924 thuis in Milton, Massachusetts, geboren als zoon van een bankier en Senator. Hij is de eerste president die in juni ter wereld kwam. Daardoor is er geen enkele maand meer waarin er geen president werd geboren. Zijn vader, Prescott, was gefortuneerd: zoon George Bush werd per auto naar school en verjaarspartijtjes gereden.

Bush slist een beetje en is allergisch voor bijensteken. Vanwege zijn afkeer van broccoli heeft hij die groente uit de *Air Force One* verbannen. Hij is een vriendelijke man met een gedistingeerd

voorkomen. Sommigen hebben hem ervan beticht een watje te zijn, maar die kwalificatie werd niet meer gehoord nadat Bush in de winter van 1991 de verovering van Koeweit door de Iraakse dictator Saddam Hoessein resoluut ongedaan had gemaakt. Bang is hij ook al niet uitgevallen. Hij maakte op zijn tachtigste een parachutesprong uit een vliegtuig en beloofde toen dat op zijn 85ste nog eens te zullen doen.

Aan het einde van de Tweede Wereldoorlog trouwde Bush met Barbara Pierce, een afstammeling van de president met diezelfde achternaam. George vernoemde zijn bommenwerper naar haar. Barbara, een markante persoonlijkheid, werd al vroeg grijs na het verlies van hun dochtertje Robin (1953). Hun kinderen noemen haar 'de Zilvervos'. Ze schreef de bestseller *Millie's Book*, een vermakelijk boekje, geschreven vanuit het gezichtspunt van de hond van de familie. Na zijn studie aan Yale vertrok Bush als 'olieman' naar het desolate westen van Texas. De badkamer van hun eerste huis moesten hij en Barbara delen met een moeder-dochterteam van prostituees.

Van 1967 tot 1971 was Bush lid van het Huis van Afgevaardigden. Zijn stemgedrag was soms kranig. Bijvoorbeeld toen hij, zeer tegen de zin van zijn uiterst conservatieve Texaanse kiesdistrict, zijn stem gaf aan de Wet op de burgerrechten van 1968, die discriminatie op de huizenmarkt verbood. Toen een poging om in de Senaat te komen was mislukt, benoemde president Richard Nixon hem tot ambassadeur bij de Verenigde Naties. Daarop volgden benoemingen tot hoofd van het Amerikaanse verbindingskantoor in Peking en van de inlichtingendienst CIA.

Nadat zij elkaar bij de presidentsverkiezingen van 1980 behoorlijk in het vaarwater hadden gezeten, vroeg Ronald Reagan, die de strijd won, zijn rivaal Bush om 'tweede man' te worden.

Acht jaar later kwam Bush zelf in het Witte Huis terecht, nadat hij Michael Dukakis, de progressieve maar onbeholpen overkomende gouverneur van Massachusetts, had verslagen. Bij elke campagnestop had Bush geroepen: *'Read my lips, no new taxes.'* Woorden die hij, eenmaal verkozen, zou moeten inslikken. Tot een gewapend optreden kwam het in Panama (1989-1990), waarbij het de Verenigde Staten erom was te doen de de facto leider, generaal Manuel Noriega, in te rekenen. Tijdens de vier dagen die de strijd duurde, werd kapitein Linda Bray de eerste vrouw die een Amerikaanse eenheid van dertig soldaten voorging in het gevecht. Zij veroverde een kennel waarin de waakhonden van Noriega waren gehuisvest.

Het is een van de belangrijkste taken van iedere Amerikaanse president na 1945 geweest om het communisme in toom te houden. Tijdens het presidentschap van Bush zeeg het communisme toch nog vrij plotseling ineen en ontstond, zeker in Europa, een nieuwe orde. Anders dan de Franse president François Mitterrand reageerde Bush ronduit positief op de Duitse hereniging.

Voor de Golfoorlog van 1991 had de regering-Bush president Saddam Hoessein gesteund in diens oorlog met Amerika's aartsvijand Iran. Nog op 25 juli 1990 had April Glaspie, de Amerikaanse ambassadeur in Bagdad, de Iraakse leider ervan verzekerd dat Amerika zich niet in het conflict over Koeweit wilde mengen. Maar toen Saddam op 2 augustus, tegen zijn belofte in, het land bezette, bracht Bush met rust en overredingskracht een coalitie van 29 landen op de been om de Irakezen te verjagen. Op 17 januari 1991 begon Operatie Desert Storm onder leiding van generaal Norman Schwarzkopf, die door Bush niet voor de voeten werd gelopen, zoals president Lyndon B. Johnson dat bij zijn generaals in Vietnam bijvoorbeeld wel had gedaan. Zes weken later waren de Irakezen beslissend verslagen.

Bush besloot, conform de gemaakte afspraken, niet door te stoten naar Bagdad. Een besluit dat later veel kritiek heeft gekregen. Bijna negen van de tien Amerikanen steunden hem na afloop van de oorlog: het hoogste waarderingscijfer voor een president dat ooit door opiniepeiler Gallup was gemeten.

Toch legde hij het, op een reprise van zijn presidentschap hopend, wegens het laten versloffen van de economie in 1992 af tegen de Democraat Bill Clinton.

De verhouding tussen vader en zoon Bush, die in het verleden ruzieachtig was, werd later goed. Misschien kwam dat wel doordat 'Bush 41' 'Bush 43' alleen maar van advies diende wanneer die daarom vroeg.

Wonderkind
en total loss

Het had weinig gescheeld of de affaire met Monica Lewinsky was William Jefferson Clinton fataal geworden. In de jaren 1995-1996, toen hij de titanenstrijd met Newt Gingrich, de Republikeinse voorzitter van het Huis van Afgevaardigden, in zijn voordeel beslechtte, zocht de president afleiding in spelletjes met een sigaar met de mollige stagiaire.

Het is goed mogelijk dat hun onderonsjes nooit aan het licht waren gekomen als Clinton in die tijd niet op de huid was gezeten wegens seksuele intimidatie door een zekere Paula Jones. Haar advocaten dagvaardden Lewinsky om te getuigen over de rokkenjagerij van Clinton. Lewinsky en de president logen over hun akkefietje. Die leugens brachten openbaar aanklager Kenneth Starr, belast met andere, niet-amoureuze affaires waarbij de president en zijn vrouw Hillary wellicht waren betrokken, ertoe zijn onderzoek uit te strekken tot mogelijke obstructie van de rechtsgang.

Binnen acht maanden moest Clinton zijn fameuze uitspraak van januari 1998 – 'Ik heb geen seksuele relaties gehad met die vrouw, juffrouw Lewinsky' – inslikken. Zijn grote verbale meesterschap moest eraan te pas komen om Clinton uit zijn precaire positie te redden. Zijn vrouw voelde zich die maand augustus extreem bedrogen, maar besloot toch bij hem te blijven. Uit liefde of in het besef dat voor hen, eenmaal gescheiden, geen politieke toekomst meer zou zijn weggelegd? Het is waarschijnlijk dat beide overwegingen door elkaar liepen.

Uiteindelijk onderzocht het Congres de mogelijkheden om Clinton af te zetten. In de Senaat staakten de stemmen (50-50) over de vraag of Clinton de rechtsgang had willen fnuiken. Voor afzetting zou een tweederde meerderheid nodig zijn geweest.

Clintons charme, superieure intelligentie, zijn spreekvaardigheid, zijn lichamelijkheid en zijn onuitputtelijke voorraad empathie maakten hem volgens Joe Klein in diens boek *The Natural* tot een president die in binnen- en buitenland velen aansprak. Maar Clinton was ook vergaderziek, ongedisciplineerd en snel geneigd tot zelfmedelijden.

Hij had een moeilijke jeugd gehad. Zijn natuurlijke vader, een handelsreiziger, was bij een auto-ongeluk omgekomen toen zijn vrouw, Virginia Kelley, vijf maanden zwanger was. Bill

Clinton werd op 19 augustus 1946 in Hope, Arkansas geboren. Als jonge scholier voelde hij zich vaak genoopt tussenbeide te komen als zijn stiefvader zijn moeder weer eens aftuigde.

Bill Clinton studeerde rechten aan de Georgetown University en aan Yale. Daar werd hij verliefd op Hillary Rodham, die zich tijdens haar meisjesjaren in Chicago had ingezet voor de Republikeinen.

Bill wilde na zijn studie terug naar Arkansas. Hillary volgde hem aarzelend. Clinton kreeg een baan op de juridische faculteit, werd procureur-generaal en was daarna, met een korte onderbreking, van 1979 tot 1992 gouverneur. Hij legde zich toe op de verbetering van het onderwijs. Tot grote woede van de bonden voerde hij in dat ook leraren regelmatig examen moesten doen.

Hillary werd al gauw partner bij het gerenommeerde advocatenkantoor Rose in Little Rock. De zachtaardige Vincent Foster, een collega met wie zij het uitstekend kon vinden, zou de Clintons later naar Washington volgen om hun privézaken te regelen. Enkele maanden na de verhuizing pleegde hij zelfmoord in een park langs de Potomac.

Als voorzitter van de Democratische gouverneursconferentie bouwde Clinton een uitgebreid landelijk netwerk op. Hij was vaak op pad. Te vaak volgens *The Arkansas Gazette*. 'Gouverneur volgende week zeven dagen achtereen in Arkansas,' luidde een pesterige kop in die krant,

In 1992 won Clinton de strijd om het presidentschap van Bush senior en de Texaanse zakenman Ross Perot met een minderheid van de stemmen. Als eerste daad wilde de jonge president het verbod op homoseksualiteit in de krijgsmacht afschaffen. Niet de meest prangende zorg van de gemiddelde Amerikaan. Het kwam tot een compromis, het zogeheten *Do not ask, do not tell* werd ingevoerd. Hillary kreeg de opdracht zich over de herziening van de ziektekostenverzekering te buigen. Dat leverde het verwijt van nepotisme op. Wat erger was, haar plannen strandden in het Congres.

Clintons optreden in het buitenland begon tamelijk onzeker. In oktober 1993 eindigde een humanitaire missie in Somalië in een catastrofe. Achttien Amerikaanse soldaten vonden daarbij de dood. In Haïti durfde de Amerikaanse marine diezelfde maand geen troepen aan land te zetten. Een jaar later lukte dit wel en werd Jean-Bertrand Aristide met Amerikaanse steun als president in zijn ambt hersteld.

Clintons voornaamste, ook door de Republikeinen bejubelde, wapenfeit op binnenlands terrein was zijn revolutionaire ingrijpen in de bijstand. Voor onbeperkte tijd zonder tegenprestatie steun trekken van de staat was er voortaan niet meer bij. Die ingreep, zeer tegen het zere been van de linkervleugel van de partij, pakte goed uit. De keten van (vaak zwarte) ongehuwde moeders die van generatie op generatie van de bijstand leefden, was eindelijk verbroken.

Clinton had als president een bijzondere affiniteit met het zwarte volksdeel, dat hij bijvoorbeeld in zijn grootse rede in Memphis ook streng kon toespreken. De zwarte schrijfster Toni Morrison noemde hem zelfs 'de eerste zwarte president van de Verenigde Staten'.

Na de verkiezingen van 1994 kwamen beide Kamers van het Congres voor het eerst in vijftig jaar in handen van de Republikeinen. De strijd tussen het Witte Huis en Capitol Hill werd zo grimmig dat eind 1995 een aantal regeringsinstanties, bij gebrek aan budget, de deuren moest sluiten. De bevolking wees deze obstructie af en bleef op de hand van de president. Die werd in 1996 met vlag en wimpel herkozen, na een race met oorlogsveteraan en Senator Robert Dole.

Clintons verdere activiteiten in het buitenland werden met wisselend succes bekroond. In augustus 1997 werden de Amerikaanse ambassades in Nairobi en Dar-es-Salaam gelijktijdig door bomaanslagen getroffen. Clinton sloeg terug met het afvuren van enkele kruisraketten, die weinig schade aanrichtten. Zijn rol bij de Goede Vrijdag-vredesakkoorden in Noord-Ierland, het jaar daarna, oogstte waardering, zoals dat in 1995 ook het geval was geweest bij het Verdrag van Dayton, dat het einde van de strijd in ex-Joegoslavië moest bezegelen. Daarentegen had Clinton weinig oog voor de gevaren van het terrorisme. Positief was zijn optreden in maart 1999, toen de Verenigde Staten met andere NAVO-landen bombardementen op Servië uitvoerden wegens de noodtoestand in Kosovo. Drie maanden later zond Clinton zevenduizend Amerikaanse militairen naar dat gebied. Het werd een succesvolle Amerikaanse interventie ten gunste van een overwegend islamitische bevolking.

De president ontving premier Wim Kok tweemaal (1995 en 2000) in Washington en roemde hem als de grondlegger van 'de Derde Weg'. Volgens de memoires van minister van Buitenlandse Zaken Warren Christopher heeft koningin Beatrix zich in november 1995 persoonlijk bij Clinton beklaagd over de afwijzing van Ruud Lubbers voor de post van secretaris-generaal van de NAVO.

Clinton bracht in mei 1997 een bezoek aan Den Haag, waar hij de herdenking van vijftig jaar Marshallhulp aangreep om te pleiten voor de uitbreiding van de NAVO met de landen van Oost-Europa.

Clinton heeft zowel het talent om een wonderkind te zijn als een total loss. Het is een man met grote kwaliteiten en gapende tekortkomingen. Bij zijn afscheid was zijn populariteit even groot als bij zijn aantreden (ongeveer 60 procent). Hij verdiende na zijn vertrek uit het Witte Huis in zes jaar tijd al meer dan 50 miljoen dollar met het houden van toespraken.

Bij haar poging in 2008 om zelf president te worden, had Senator Hillary Clinton uiteraard geen beter advies kunnen krijgen dan dat van haar man, dat politieke dier voor de volle honderd procent uit Little Rock.

Joviaal en
eigenzinnig

In de ochtend van 11 september 2001 bevond president George W. Bush zich in Sarasota, Florida. Hij had de vorige avond gegeten met zijn broer Jeb, die gouverneur was in de staat die een jaar eerder de doorslag had gegeven bij zijn verkiezing tot president.

Bush was, zoals altijd, om tien uur naar bed gegaan en om zes uur opgestaan. Hij had langs het strand willen joggen, maar de Secret Service had hem naar een golfclub gebracht.

Daar had hij hardgelopen in het gezelschap van een journalist van het Bloomberg Agentschap. Na enkele kilometers hield Bush het voor gezien, ging ontbijten en kreeg zijn dagelijkse veiligheidsbriefing.

Daarna ging het in een lange rij limousines naar de Emma E. Booker School, waar zwarte kinderen van een jaar of acht hem hun leesvaardigheid zouden tonen met het verhaal *The Pet Goat.*

Voordat hij het schoolgebouw binnenging, kreeg Bush een telefoontje van zijn Nationale Veiligheidsadviseur Condoleezza Rice. Zij deelde mee dat er boven Manhattan een ongeluk was gebeurd met een vliegtuig.

Terwijl de president naar de avonturen van het geitje zat te luisteren, kwam zijn stafchef Andrew Card binnen en fluisterde hem in het oor dat er een tweede vliegtuig was gecrasht.

Om geen paniek te zaaien, bleef de president nog een paar minuten zitten. De rest van die dag doolde hij in de Air Force

One van Florida naar Louisiana en vandaar naar Nebraska. De veiligheidsdiensten hadden hem verboden terug te keren naar Washington, waar het Pentagon inmiddels ook was getroffen.

Drie dagen later stond Bush in New York in de absurde woestenij van Ground Zero, met een megafoon en met zijn arm om een brandweerman geslagen. De aanslagen op het World Trade Center hebben in hoge mate het presidentschap van Bush bepaald.

Twee jaar na zijn geboorte, op 6 juli 1946 in New Haven Connecticut, verhuisde het gezin naar de desolate oliestad Midland in de woestijn van westelijk Texas. Net als zijn vader, George H.W. Bush, begon de oudste zoon – die na zijn studie aan Yale en Harvard midden jaren zeventig van de vorige eeuw was teruggekeerd naar het land van de boortorens – met wisselend succes in de olie.

Anders dan de oude Bush is junior een echte Texaan geworden. Hij heeft een ranch in Crawford, waar hij uitsluitend goede vrienden ontvangt. Als enige Nederlanders hebben secretaris-generaal van de NAVO Jaap de Hoop Scheffer en zijn vrouw Jeannine dat genoegen mogen smaken.

Succes had Bush junior wel met de aankoop van het baseballteam de Texas Rangers, dat hij met grote winst doorverkocht. De knappe Bush vloekte, zoop en zat achter de vrouwen aan in die tijd. Zijn persoonlijke leven leek op een onopgemaakt bed: het zag er niet uit, maar het kon nog net worden rechtgetrokken. Dat gebeurde pas nadat Bush met de bibliothecaresse Laura Welch was getrouwd.

Zij kregen een tweeling, twee meisjes. Koning Alcohol werd afgezworen, en nu was Christus Koning. Want rond zijn veertigste werd Bush een 'herboren christen'. Sindsdien leest hij elke dag in de Bijbel en heeft hij nimmer nog een druppel alcohol gedronken.

Na een mislukte poging om een Congreszetel te bemachtigen, daagde Bush in 1993 de populaire Democratische gouverneur van Texas, Ann Richards, uit. Hij won het pleit en was de volgende acht jaar gouverneur van een grote staat, vaak een goede uitgangspositie voor een gooi naar het presidentschap.

Als Republikeinse gouverneur zocht Bush vaak de samenwerking met Democraten, als president deed hij dat minder. Tijdens zijn campagne voor het Witte Huis, zei Bush dat Amerika in het buitenland een zekere bescheidenheid past. De maakbaarheid van de wereld stond als concept ver van hem af. Maar na 'de elfde september' probeerde hij juist de Iraakse samenleving en de rest van het Midden-Oosten rijp te maken voor democratie. Het idee van de maakbaarheid, vanouds een thema van links, was overgewaaid naar de neo-conservatieven.

Zijn tegenstander bij de presidentsverkiezingen van het jaar

2000 was de Democraat Al Gore. In Florida liepen de tellingen vast. Het verschil bedroeg steeds slechts enkele honderden stemmen. Over het hele land gemeten had Gore ruim een half miljoen meer stemmen gekregen, maar door de werking van het ingewikkelde kiesstelsel werd Bush vijf weken later alsnog tot winnaar uitgeroepen. Het Hooggerechtshof in Washington had bepaald dat in Florida het tellen van de stemmen terecht was gestaakt, waardoor de marge van 537 stemmen ten voordele van Bush gehandhaafd bleef.

De aanslagen van 11 september 2001 leidden tot de oprichting van het reusachtige veiligheidsapparaat Department of Homeland Security, tot de gewapende interventie in Afghanistan en tot het losmaken van Irak uit de wurggreep van Saddam Hoessein.

De laatste operatie spleet het westelijk bondgenootschap. Hoewel er alle aanleiding bestond voor *regime change* in Bagdad werden massavernietigingswapens, de casus belli voor Washington en Londen, niet aangetroffen.

Nederland betuigde politieke, maar geen militaire steun. Premier Jan Peter Balkenende (CDA) heeft Bush in september 2003, in het voorjaar van 2004 en in juni 2008 bezocht. Het enige bezoek van Bush aan Nederland was in mei 2005 voor de dodenherdenking in Margraten.

Met de hem kenmerkende driestheid zegde Bush een aantal verdragen die Amerika hinderden eenzijdig op. In het buitenland leidde dit, opgeteld bij de interventie in Irak, tot sterke afkeuring. Maar het electoraat wist hem zeker te waarderen. Anders had het hem in 2004 wel ingeruild voor de Democraat John Kerry. Maar de Amerikanen kozen Bush, ditmaal onomstreden, voor een tweede termijn. Een eer die zijn vader niet te beurt was gevallen.

Na de tussentijdse verkiezingen van november 2006 kreeg Bush voor het eerst te maken met een Congres waar in beide Kamers de Democraten de meerderheid hadden.

Geconfronteerd met een voortdurend pandemonium in Irak,

besloot Bush in januari 2007, zelfs tegen de adviezen van vele Republikeinse kopstukken in, om meer militairen naar Bagdad te zenden in plaats van geleidelijk de aftocht te blazen. Deze zogeheten *surge* heeft onmiskenbaar een positief effect gehad. Hij slaagde er de zomer van hetzelfde jaar – na een slopend gevecht over immigratie in het Congres – niet in om een ruimhartig wetsontwerp aangenomen te krijgen dat illegale migranten een weg naar het staatsburgerschap bood. Dat hij daarbij de steun had van de Republikeinse kandidaat voor het presidentschap John McCain en het Democratische 'instituut' Ted Kennedy mocht hem niet baten.

De waardering voor de Verenigde Staten in de wereld, zoals die in de peilingen tot uiting komt tenminste, mag dan tijdens het presidentschap van Bush zijn gedaald, toch was dat niet overal het geval. Bij een bezoek aan het islamitische Albanië in juni 2007 werd de president ontvangen als een rockster vanwege de Amerikaanse rol in Kosovo.

In de herfst van zijn presidentschap werd Bush geconfronteerd met een angstaanjagende financiële crisis. Die vond onder meer haar oorsprong in de netelige situatie op de woningmarkt. Nadat enkele gerenommeerde banken en andere financieringsinstellingen het loodje hadden gelegd, intervenieerde de regering op grote schaal door in oktober 2008 in eerste instantie een hulppakket van 700 miljard dollar op tafel te leggen.

Heerste na de aanslagen van 11 september 2001 de vrees dat de volgende massamoorden in Amerika niet lang zouden uitblijven, dan is die vrees ongegrond gebleken. Politiek gesproken is George W. Bush verantwoordelijk voor dat succes.

De eerste zwarte president van Amerika

Het twijgje is een boom geworden. Amerika heeft met Barack Obama zijn eerste zwarte president. In een land waar de slavernij, de rassenscheiding, de lynchpartijen en de vernedering van een tweederangsburgerschap voor de zwarte bewoners zo lang het beeld hebben bepaald, is het van grote betekenis dat voor het eerst een zwarte politicus het Witte Huis betrekt. President nummer 16, Abraham Lincoln (1861-1865), die een einde maakte aan de slavernij, zou de intocht van president nummer 44, Barack Obama, stellig toejuichen. Zij maakten trouwens beiden naam in de staat Illinois.

Al is met de verkiezing van Barack Obama uiteraard niet alle strijd aan het raciale front voorbij, toch bewijst zijn presidentschap nog eens het vermogen van Amerika om als het erop aankomt boven zichzelf uit te stijgen.

El Muzungu, 'de blanke man', noemen ze Barack Hussein Obama in Nyangoma-Kogelo, het dorp in Kenia waar zijn overleden vader vandaan kwam. Barack betekent 'de gezegende', Obama 'gloeiende speer'. Het feit dat de Luo, de stam waarin Barack Obama zijn wortels heeft, hem *El Muzungu* noemen, geeft aan dat hij een bijzonder soort zwarte is. Dat klopt. Want zijn vader mag dan zo zwart als steenkool zijn geweest, zijn in 1995 overleden moeder kwam uit Kansas en was zo blank als het melkmeisje van Vermeer.

In zijn in 2006 verschenen boek *The Audacity of Hope* (*De vermetelheid van hoop*) schildert Obama – de derde zwarte

Amerikaan sinds de Burgeroorlog die het tot Senator bracht – zichzelf als een helende kracht, een man die de Verenigde Staten kan verzoenen met zichzelf. In een eerder verschenen boek *Dreams from My Father* (*Dromen van mijn vader*), een autobiografie halverwege zijn leven, portretteert Obama zichzelf duidelijk als een zwarte. Hij verdonkeremaant zelfs enigszins de melkwitte achtergrond van zijn moeder. Maar in zijn publieke optreden presenteert hij zich juist niet als de traditionele zwarte leider vol woede over het onrecht dat zijn volk werd aangedaan. Had hij dat wel gedaan, dan had hij geen schijn van kans gemaakt. Obama presenteert zich eerder als een politicus die toevallig zwart is, postraciaal als het ware.

Obama werd op 4 augustus 1961 geboren op Hawaï, waar

hij ook voor het grootste deel is opgegroeid, veelal in het huis van zijn grootouders van moederszijde. Hawaï vormt het meest veelkleurige mozaïek van Amerika. Obama's vader, die er studeerde, vertrok kort na de geboorte van zijn zoon naar Harvard. Obama's moeder, Ann Dunham, een idealistische antropoloog, ging geheel op in de literatuur van de beweging voor de burgerrechten. Ze draaide er platen van Mahalia Jackson en Joan Baez bij. Ook haar tweede echtgenoot, de Indonesiër Lolo Soetoro, was een man uit de derde wereld. Van Ann Dunham zou je met een buiging naar de roman van Arthur Japin kunnen zeggen dat zij een blanke met een zwart hart was. Spoedig volgde zij, samen met Obama, haar nieuwe man naar Jakarta. Zij had geen geld om haar kind naar een internationale school te laten gaan. Obama kwam eerst op een katholieke en toen een tijdje op een islamitische school terecht. Op dat feit baseren zijn tegenstanders zich wanneer ze malicieus beweren dat Obama een crypto-moslim is.

In 1971 ging Obama alleen bij zijn grootouders in Honolulu wonen. Hij werd toegelaten tot de elitaire Punahoe-school. De baan van zijn grootmoeder bij een bank hielp bij het betalen van het schoolgeld. In de eerste week op school vroeg een meisje of ze zijn haar mocht aanraken en een andere klasgenoot of zijn vader een menseneter was. Op Hawaï was slechts 3 procent van de bevolking zwart.

Hoewel zijn grootouders 'Tut' en 'Gramps' goed voor hem zorgden, was Obama een eenzaam kind. Zoals hij schrijft: 'Ik werd geteisterd door de voortdurende en verlammende vrees dat ik er op een of andere manier niet bij hoorde en dat ik, behalve als ik wegdook en deed alsof ik iemand anders was, altijd een buitenstaander zou blijven, terwijl de rest van de wereld, blank en zwart, mij voortdurend monsterde.'

Met Kerstmis 1971 kwam zijn vader plotseling uit de lucht vallen. Hij bleef een maand. Obama senior hield op Punahoe een luid bejubelde toespraak. Obama junior – of Barry, zoals hij werd genoemd – had van tevoren erg tegen die lezing opgezien.

Zouden zijn klasgenoten hem daarna niet pesten met 'de lemen hutten en bloedige speren van Afrika'? Maar daar had zijn vader het helemaal niet over gehad. Dit bezoek was de laatste keer dat de tienjarige jongen zijn vader zou zien.

Obama, een uitstekende leerling, genoot wel degelijk van zijn jeugd op Hawaï: basketbal, surfen, rondhangen met vrienden en van tijd tot tijd een jointje. Dat alles in de tropische weelde van de natuur. Hij kan zich nog steeds verbazen over de schoonheid van de eilanden, waarheen hij elk jaar terugkeert voor zijn vakantie: 'De trillende blauwe vlakte van de Grote Oceaan. De koele haast van de Manoa Falls met de gemberlelies en hoge bomen en het geluid van onzichtbare vogels. De donderende golven van de North Shore die in *slow motion* uiteenspatten.'

Maar net als zijn halfzuster Maya verlangde hij er ook naar om het vasteland van Amerika te leren kennen. Die kans kreeg hij door aan het Occidental College in Los Angeles en in 1981 aan Columbia University in New York politieke wetenschappen te gaan studeren.

In 1985, twee jaar na zijn afstuderen aan Columbia University, reed Obama in een roestige Honda van New York naar Chicago om daar maatschappelijk werk te doen. In die stad was Harold Washington, de eerste zwarte burgemeester, aan de macht. Hij lag voortdurend overhoop met de overwegend blanke wethouders.

De kunst om met tegenstanders samen te werken, leerde Obama tijdens een cursus 'organisatie van de gemeenschap', die hij volgde met minvermogende inwoners van de Roselandbuurt, en het sociale woningbouwproject Altgeld Gardens.

'Het was in die buurten dat ik mijn beste opleiding kreeg,' zei Obama toen hij zich in 2007 kandidaat stelde voor het presidentschap.

'Babyface Obama' was in de Roselandbuurt destijds geliefd.

Hij woonde in een eenvoudige kamer in de wijk Hyde Park. Zijn moeder plaagde hem ermee dat hij van alles slechts twee exemplaren bezat: twee borden, twee handdoeken enzovoort. Hij had overigens maar één vriendinnetje, met wie hij een tijd samenleefde, hij had zijn boeken en zijn kat Max.

Na drie jaar ging Obama terug naar de Oostkust om aan Harvard zijn studie rechten voort te zetten. Aan het begin van de jaren negentig werd hij de eerste zwarte hoofdredacteur van de *Harvard Law Review*, een prestigieus juridisch tijdschrift. Van zwarte studenten kreeg hij het verwijt dat hij te veel conservatieve blanken in de redactie had opgenomen. Obama wees hen op de waarde van benoemingen op grond van verdiensten.

Toen Obama vanuit Harvard naar Chicago terugkeerde, hield hij zich eerst een half jaar bezig met een project om kiezers zich te laten registreren (verplicht als je wilt meedoen). In november 1992 begon hij bij het advocatenkantoor Miner, Barnhill & Galland. Dat kantoor stelde zich ten doel om sociaal en economisch onrecht via de rechtspraak te bestrijden.

Zijn vrouw, Michelle Robinson, die hij in juni 1989 in Chicago had leren kennen, is, anders dan Obama zelf, een Afro-Amerikaanse in de klassieke zin van het woord. Haar vader, die er vanwege multiple sclerose elk jaar langer over deed om zijn boord dicht te knopen, bleef dapper naar zijn werk bij de waterleidingmaatschappij gaan, haar moeder was altijd thuis voor de kinderen. Michelle steeg hoog boven dat milieu uit. Met een graad van Harvard en Princeton op zak, werkte ze voor de beste advocatenkantoren. Toen Obama campagne ging voeren voor het presidentschap, vroeg zij verlof aan bij het grote ziekenhuis in Chicago waar ze een topfunctie bekleedde. 'De prijs' die haar man voor haar medewerking moest betalen, was stoppen met roken.

Obama had zijn entree in de politiek gemaakt door in 1996 voor de Democraten een zetel in het deelstaatparlement van Illinois te veroveren. Tijdens zijn verblijf van acht jaar in de hoofdstad Springfield kreeg Obama het voor elkaar dat voortaan alle politieverhoren en schuldbekentenissen op band werden opgenomen.

In 2004 begaf Obama zich in de landelijke politiek. Zijn oratorische talent was toen al zo opgevallen dat John Kerry, de presidentskandidaat voor de Democraten, hem vroeg een rede te houden op de Conventie in Boston. Dat was in juli. 'Er is geen liberaal Amerika, er is geen conservatief Amerika, er zijn alleen de Verenigde Staten van Amerika,' hield hij zijn wild-enthousiaste gehoor voor. Met zijn vele crescendo's deed zijn intonatie denken aan die van een zwarte dominee. 'Ik kan niet wachten tot u president wordt,' zei een willekeurige vrouw met wie hij de volgende dag in de lift stond. Pas vijf maanden later werd Obama met 70 procent van de stemmen tot Senator van Illinois gekozen.

In de Senaat, waar anciënniteit een grote rol speelt, is het moeilijk een vliegende start te maken. Toch werd Obama in 2008 reeds tot de tien invloedrijkste Senatoren gerekend. Samen met de Republikein Richard G. Lugar reisde hij als lid van de Commissie voor Buitenlandse Zaken naar Rusland om de ontmanteling van nucleair wapentuig te inspecteren.

Bij de Democratische voorverkiezingen moest Obama het onder anderen opnemen tegen Senator Hillary Clinton uit New York. Zij was veruit favoriet en had in het begin de steun van de meeste zwarten. Voor het eerst maakte een vrouw of een zwarte kans op het Witte Huis. Vriend en vijand waren het er wel over eens dat Obama's campagne superieur was. Vooral de financiering bij kleine beetjes via internet.

Overal waar hij sprak, stroomden de zalen vol. Vooral met blanken. Begin januari won Obama, heel verrassend, de eerste voorverkiezing in Iowa, waar de bevolking de huidskleur heeft van Sneeuwwitje. Al spoedig nam Obama een grote voorsprong op Clinton. Die voorsprong werd weliswaar in de loop van de lente – er waren vijftig voorverkiezingen – steeds kleiner, maar bleef voldoende om de kandidaat uit Chicago in juni tot winnaar te maken.

In maart 2008 was zijn campagne trouwens nog bijna van de rails gevlogen. Oude televisiebeelden toonden een zekere dominee Jeremiah Wright. In diens giftige preken had hij onder meer beweerd dat de aanslagen van *9/11* de verdiende straf voor blank Amerika waren. Het probleem was dat Obama twintig jaar lang bij deze dominee van de Trinity Church ter kerke was gegaan. Wright had Michelle en hem zelfs getrouwd. In een geslaagde poging om het tij te keren, hield Obama op 18 maart in Philadelphia een scherpzinnige toespraak over de betrekkingen tussen blank en zwart. Obama's campagne kapseisde niet.

Bij een bijeenkomst in Portland, Oregon, geen wereldstad, kwamen zelfs zeventigduizend mensen opdagen.

Toen de kaarten definitief waren geschud, kon het echtpaar Clinton, minder van verliezen gecharmeerd dan wie ook, die nederlaag maar heel moeilijk verkroppen. Een belangrijk deel van Clintons aanhang (achttien miljoen stemmen in totaal) reageerde niet anders.

Het is allemaal geschiedenis. Vanaf 20 januari 2009 zetelt een bijzonder getalenteerde en welbespraakte 'zoon van een menseneter' in het Witte Huis.

Presidentiële lijsten

Als bron voor de navolgende lijsten zijn onder meer gebruikt:
Elsevier, The Book of Political Lists (1998) en *Time Almanac 2008.*

Presidenten van de Verenigde Staten

Met geboorte- en sterfjaar en partij

George Washington (1732-1799)
Federalist
John Adams (1735-1826)
Federalist
Thomas Jefferson (1743-1826)
Democraat
James Madison (1751-1836)
Democraat
James Monroe (1758-1831)
Democraat
John Quincy Adams (1767-1848)
Democraat
Andrew Jackson (1767-1845)
Democraat
Martin Van Buren (1782-1862)
Democraat
William Henry Harrison
(1773-1841) Whig
John Tyler (1790-1862) Whig
James Knox Polk (1795-1849)
Democraat
Zachary Taylor (1784-1850)
Whig
Millard Fillmore (1800-1874)
Whig
Franklin Pierce (1804-1869)
Democraat
James Buchanan (1791-1868)
Democraat
Abraham Lincoln (1809-1865)
Republikein
Andrew Johnson (1808-1875)
Republikein
Ulysses Simpson Grant
(1822-1885) Republikein
Rutherford Birchard Hayes
(1822-1893) Republikein
James Abram Garfield
(1831-1881) Republikein
Chester Alan Arthur (1829-1886)
Republikein
Grover Cleveland (1837-1908)
Democraat
Benjamin Harrison (1833-1901)
Republikein

Grover Cleveland (1837-1908) Democraat
William McKinley (1843-1901) Republikein
Theodore Roosevelt (1858-1919) Republikein
William Howard Taft (1857-1930) Republikein
Woodrow Wilson (1856-1924) Democraat

Warren Gamaliel Harding (1865-1923) Republikein
Calvin Coolidge (1872-1933) Republikein
Herbert Hoover (1874-1964) Republikein
Franklin Delano Roosevelt (1882-1945) Democraat
Harry S. Truman (1884-1972) Democraat
Dwight David Eisenhower (1890-1969) Republikein
John Fitzgerald Kennedy (1917-1963) Democraat
Lyndon Baines Johnson (1908-1973) Democraat
Richard Milhous Nixon (1913-1994) Republikein
Gerald Rudolph Ford (1913-2006) Republikein
James Earl 'Jimmy' Carter (1924) Democraat
Ronald Wilson Reagan (1911-2004) Republikein
George Herbert Walker Bush (1924) Republikein
William Jefferson 'Bill' Clinton (1946) Democraat
George Walker Bush (1946) Republikein
Barack Hussein Obama (1961) Democraat

First lady's – de vrouwen van de presidenten

Met naam echtgenoot, trouwjaar, en geboorte- en sterfjaar

Washington (1759) Martha Dandridge Custis (1731-1802)
Adams (1764) Abigail Smith (1744-1818)
Jefferson (1772) Martha Wayles Skelton (1748-1782)
Madison (1794) Dorothea Payne Todd (1768-1849)
Monroe (1786) Elizabeth Kortright (1768-1830)
Adams (1797) Louisa Catherine Johnson (1775-1852)
Jackson (1791) Rachel Donelson Robards (1767-1828)
Van Buren (1807) Hannah Hoes (1783-1819)
Harrison (1795) Anna Symmes (1775-1864)
Tyler (1813) Letitia Christian (1790-1842) en: (1844) Julia Gardiner (1820-1889)

Polk (1824) Sarah Childress
(1803-1891)
Taylor (1810) Margaret Smith
(1788-1852)
Fillmore (1826) Abigail Powers
(1798-1853) en: (1858) Caroline
Carmichael McIntosh (1813-1881)
Pierce (1834) Jane Means
Appleton (1806-1863)
Buchanan nooit getrouwd
Lincoln (1842) Mary Todd
(1818-1882)
Johnson (1827) Eliza McCardle
(1810-1876)
Grant (1848) Julia Dent
(1826-1902)
Hayes (1852) Lucy Ware Webb
(1831-1889)
Garfield (1858) Lucretia Rudolph
(1832-1918)
Arthur (1859) Ellen Lewis
Herndon (1837-1880)
Cleveland (1886) Frances Folsom
(1864-1947)
Harrison (1853) Caroline Lavinia
Scott (1832-1892) en: (1896)
Mary Scott Lord Dimmick
(1858-1948)
McKinley (1871) Ida Saxton
(1847-1907)
Roosevelt (1880) Alice Hathaway
Lee (1861-1884) en: (1886) Edith
Kermit Carow (1861-1948)
Taft (1886) Helen Herron
(1861-1943)

Wilson (1885) Ellen Louise Axson
(1860-1914) en: (1915) Edith
Bolling Galt (1872-1961)
Harding (1891) Florence Kling
DeWolfe (1860-1924)
Coolidge (1905) Grace Anna
Goodhue (1879-1957)
Hoover (1899) Lou Henry
(1874-1944)
Roosevelt (1905) (Anna) Eleanor
Roosevelt (1884-1962)
Truman (1919) Bess Wallace
(1885-1982)
Eisenhower (1916) Mamie
Geneva Doud (1896-1979)
Kennedy (1953) Jacqueline Lee
Bouvier (1929-1994)
Johnson (1934) Claudia Alta 'Lady
Bird' Taylor (1912-2007)
Nixon (1940) Thelma Catherine
Ryan (1912-1993)
Ford (1948) Elizabeth Bloomer
Warren (1918)
Carter (1946) Rosalynn Smith
(1927)
Reagan (1940) Jane Wyman
(1917-2007) en: (1952) Nancy
Davis (1921)
Bush (1945) Barbara Pierce
(1925)
Clinton (1975) Hillary Rodham
(1947)
Bush (1977) Laura Welch (1946)
Obama (1992) Michelle LaVaughn
Robinson (1964)

Vicepresidenten

Met geboorte- en sterfjaar, partij, termijn, en president onder wie hij diende

John Adams (1735-1826), Federalist, diende van 1789-1797 onder Washington
Thomas Jefferson (1743-1826), Democraat-Republikein, diende · van 1797-1801 onder J. Adams
Aaron Burr (1756-1836), Democraat-Republikein, diende van 1801-1805 onder Jefferson
George Clinton (1739-1812), Democraat-Republikein, diende van 1805-1812 onder Jefferson en Madison
Elbridge Gerry (1744-1814), Democraat-Republikein, diende van 1813-1814 onder Madison
Daniel D. Tompkins (1774-1825), Democraat-Republikein, diende van 1817-1825 onder Monroe
John C. Calhoun (1782-1850), diende van 1825-1832 onder John Quincy Adams en Jackson
Martin van Buren (1782-1862), Democraat, diende van 1833-1837 onder Jackson
Richard M. Johnson (1780-1850), Democraat, diende van 1837-1841 onder Van Buren
John Tyler (1790-1862), Whig, diende in 1841

onder W.H. Harrison
George M. Dallas (1792-1864), Democraat, diende van 1845-1849 onder Polk
Millard Fillmore (1800-1874), Whig, diende van 1849-1850 onder Taylor
William R. King (1786-1853), Democraat, diende in 1853 onder Pierce
John C. Breckinridge (1821-1875), Democraat, diende van 1857-1861 onder Buchanan
Hannibal Hamlin (1809-1891), Republikein, diende van 1861-1865 onder Lincoln
Andrew Johnson (1808-1875), Union, diende in 1865 onder Lincoln
Schuyler Colfax (1823-1885), Republikein, diende van 1869-1873 onder Grant
Henry Wilson (1812-1875), Republikein, diende van 1873-1875 onder Grant
William A. Wheeler (1819-1887), Republikein, diende van 1877-1881 onder Hayes
Chester A. Arthur (1829-1886), Republikein, diende in 1881 onder Garfield
Thomas A. Hendricks (1819-1885), Democraat, diende in 1885 onder Cleveland
Levi P. Morton (1824-1920),

Republikein, diende van
1889-1893 onder B. Harrison
Adlai E. Stevenson (1835-1914),
Democraat, diende van
1893-1897 onder Cleveland
Garrett A. Hobart (1844-1899),
Republikein, diende van
1897-1899 onder McKinley
Theodore Roosevelt (1858-
1919), Republikein, diende in
1901 onder McKinley
Charles W. Fairbanks
(1852-1918), Republikein, diende
van 1905-1909 onder T. Roosevelt
James S. Sherman (1855-1912),
Republikein, diende van
1909-1912 onder Taft
Thomas R. Marshall (1854-1925),
Democraat, diende van
1913-1921 onder Wilson
Calvin Coolidge (1872-1933),
Republikein, diende van
1921-1923 onder Harding
Charles G. Dawes (1865-1951),
Republikein, diende van
1925-1929 onder Coolidge
Charles Curtis (1860-1936),
Republikein, diende van
1929-1933 onder Hoover
John N. Garner (1868-1967),
Democraat, diende van
1933-1941 onder F.D. Roosevelt
Henry A. Wallace (1888-1965),
Democraat, diende van
1941-1945 onder F.D. Roosevelt

Harry S. Truman (1884-1972),
Democraat, diende in 1945
onder F.D. Roosevelt
Alben W. Barkley (1877-1956),
Democraat, diende van
1949-1953 onder Truman
Richard M. Nixon (1913-1994),
Republikein, diende van
1953-1961 onder Eisenhower
Lyndon B. Johnson (1908-1973),
Democraat, diende van
1961-1963 onder Kennedy
Hubert H. Humphrey
(1911-1978), Democraat, diende
van 1965-1969 onder L.B. Johnson
Spiro T. Agnew (1918-1996),
Republikein, diende van
1969-1973 onder Nixon
Gerald R. Ford (1913-2006),
Republikein, diende van
1973-1974 onder Nixon
Nelson A. Rockefeller
(1908-1979), Republikein, diende
van 1974-1977 onder Ford
Walter F. Mondale (1928),
Democraat, diende van
1977-1981 onder Carter
George H.W. Bush (1924),
Republikein, diende van
1981-1989 onder Reagan
J. Danforth Quayle (1947),
Republikein, diende van 1989-
1993 onder George H.W. Bush
Albert A. Gore (1948),
Democraat, diende van

1993-2001 onder Clinton
Richard B. Cheney (1941),
Republikein, diende van 2001-
2009 onder George W. Bush
Joseph R. 'Joe' Biden (1942), vanaf
2009 onder Barack Obama
Toelichting: sommige presidenten
moesten het enige tijd doen
zonder vicepresident

Presidenten die eerst vicepresident waren
John Adams
Thomas Jefferson
Martin Van Buren
John Tyler
Millard Fillmore
Andrew Johnson
Chester Arthur
Theodore Roosevelt
Calvin Coolidge
Harry S. Truman
Lyndon B. Johnson
Richard M. Nixon
Gerald Ford
George H.W. Bush

Presidenten die eerst Senator waren
Met hun termijn
James Monroe (1790-1794),
partijloos, Virginia
John Quincy Adams (1803-1808),
Federalist, Massachusetts
Andrew Jackson (1979-1798,

1823-1825), Republikein,
Tennessee
Martin Van Buren (1821-1828),
partijloos, New York
William Henry Harrison
(1825-1828), partijloos, Ohio
John Tyler (1827-1836),
Republikein, Virginia
Franklin Pierce (1837-1842),
Democraat, New Hampshire
James Buchanan (1834-1845),
Democraat, Pennsylvania
Andrew Johnson (1857-1862),
Democraat, Tennessee
En (1875) Republikein, Tennessee
Benjamin Harrison (1881-1887),
Republikein, Indiana
Warren G. Harding (1915-1921),
Republikein, Ohio
Harry S. Truman (1935-1945),
Democraat, Missouri
John F. Kennedy (1953-1960),
Democraat, Massachusetts
Lyndon B. Johnson (1949-1961),
Democraat, Texas
Richard M. Nixon (1950-1953),
Republikein, Californië
Barack Obama (2005-2008)
Democraat, Illinois

Staten die meer dan één president leverden
Virginia 8
Ohio 7
Massachusetts 4

New York 4
North Carolina 2
Texas 2
Vermont 2

Presidenten met Nederlandse voorouders
Martin Van Buren
Theodore Roosevelt
Franklin D. Roosevelt
Warren G. Harding (Brits, Iers en Nederlands)

Leeftijd van president bij aantreden
Oudste:
Ronald Reagan 69
William Henry Harrison 68
James Buchanan 65
Zachary Taylor 64
George H.W. Bush 64

Jongste:
Theodore Roosevelt 42
John F. Kennedy 43
Bill Clinton 46
Ulysses Grant 46
Barack Obama 47

Presidenten die niet in de Verenigde Staten zijn geboren
George Washington
John Adams
Thomas Jefferson

James Madison
James Monroe
John Quincy Adams
Andrew Jackson
William Henry Harrison
Toelichting: ze zijn geboren voor de Onafhankelijkheidsverklaring van 4 juli 1776

223

Personenregister

228

230

Illustratieverantwoording

Presidenten

Behalve het portret van de 44ste president komen alle afbeeldingen van de presidenten uit de collectie van de Library of Congress in Washington DC. De presidenten staan alfabetisch gerangschikt met achter hun naam de herkomst van de afbeelding zoals die door de Library of Congress is opgegeven.

John Adams Naar het orgineel dat Gilbert Stuart schilderde voor de heren Doggett uit Boston

John Quincy Adams Copyright J.C. Tichenor

Chester A. Arthur Foto van C.M. Bell

James Buchanan Maker onbekend

George H.W. Bush David Valdez, officiële foto van het Witte Huis

George W. Bush Officiële foto van het Witte Huis

Jimmy Carter Officiële foto van het Witte Huis

Grover Cleveland Copyright Napoleon Sarony

Bill Clinton Officiële foto van het Witte Huis

Calvin Coolidge Maker onbekend

Dwight D. Eisenhower Copyright Fabian Bachrach

Millard Fillmore Mathew B Brady

Gerald Ford Officiële foto van het Witte Huis

James Abram Garfield Brady-Handy Collectie

Ulysses S. Grant Brady-Handy Collectie

Warren G. Harding Copyright Moffett

Benjamin Harrison Geo Prince, fotograaf

William Henry Harrison Charles Fenderich & Co
Rutherford B. Hayes Brady-Handy Collectie
Herbert Hoover Underwood & Underwood
Andrew Jackson James Barton Longacre
Thomas Jefferson Pendleton's Lithography
Andrew Johnson Brady-Handy Collectie
Lyndon B. Johnson Officiële foto van het Witte Huis
John F. Kennedy Foto van de U.S. Navy
Abraham Lincoln Copyright M.P. Rice
James Madison Pendleton's Lithography
William McKinley Maker onbekend
James Monroe Pendleton's Lithography
Richard Nixon Officiële foto van het Witte Huis
Barack Obama Shawn Thew/ANP
Franklin Pierce Brady-Handy Collectie
James Knox Polk Brady-Handy Collectie
Ronald Reagan Officiële foto van het Witte Huis
Franklin Delano Roosevelt Elias Goldensky
Theodore Roosevelt Pach Brothers
William Howard Taft Maker onbekend
Zachary Taylor Daguerreotype van Mathew Brady
Harry S. Truman Copyright Edmonston Studio
John Tyler Brady-Handy Collectie
Martin Van Buren Maker onbekend
George Washington Pendleton's Lithography
Woodrow Wilson Pach Brothers

Mount Rushmore

Op het omslag staat een foto die ranger Ed Menard heeft ge-
maakt van Mount Rushmore. Het monument met koppen van
George Washington, Thomas Jefferson, Abraham Lincoln en
Theodore Roosevelt ligt in de staat South Dakota.

De afbeeldingen, elk 18 meter hoog, zijn tussen 1927 en
1941 gemaakt door Gutzon Borglum. De kunstenaar had zijn
vier favorieten graag afgebeeld in een geklede jas, maar stierf

voordat hij als kleermaker in steen aan de slag kon gaan. Zijn zoon Lincoln (genoemd naar de favoriete president van zijn vader) heeft het werk nog enkele maanden overgenomen, maar toen brak de oorlog uit, droogden de fondsen op en werd het project gestaakt.

Gutzon Borglum (1867-1941) studeerde bij Auguste Rodin in Frankrijk. Hij was een racist, een antisemiet en de beste maatjes met de Klu Klux Klan. Borglum werkte met vierhonderd mensen. Negentig procent van het werk gebeurde met dynamiet, de rest met de drilboor. Jefferson bleek de lastigste. Hij stond oorspronkelijk ter rechterzijde van Washington. Na achttien maanden werd de man van de Onafhankelijkheidsverklaring van de berg afgeblazen en weer opgebouwd aan de linkerkant van de grote generaal.

Over de auteur

Mr. F.Ph. Kuethe (1942) is sinds 1985 redacteur buitenland bij het weekblad *Elsevier*, waarvoor hij een wekelijkse rubriek schrijft over de Verenigde Staten: 'Kort Amerikaans'. Van 1970 tot 1985 werkte Kuethe in de Nederlandse Diplomatieke Dienst. Hij diende in Genève, Madrid, Brussel (Permanente Vertegenwoordiging bij de NAVO) en Colombo. Van 1967 tot 1969 werkte hij voor de Internationale Arbeidsorganisatie in Lagos, Nigeria. Kuethe studeerde rechten in Leiden.

Rik Kuethe is auteur van de roman *De Zaakgelastigde* (1994) en schreef samen met René van Rijckevorsel het brievenboek *Verre Vrienden. Brieven tussen twee werelden* (1998). Kuethe is getrouwd met beeldend kunstenares Marjolein Knol. Uit een eerder huwelijk heeft hij drie dochters.